JN093047

ミネルヴァ教職専門シリーズ 1

広岡 義之 / 林 泰成 / 貝塚 茂樹
監修

教育の原理

深谷 潤 / 広岡 義之
編著

ミネルヴァ書房

監修者のことば

21世紀に入って，すでに20年が過ぎようとしています。すべての児童生徒にとって希望に満ちた新世紀を迎えることができたかと問われれば，おそらくほとんどの者が否と言わざるを得ないのが現状でしょう。顧みてエレン・ケイは，1900年に『児童の世紀』を著し，「次の世紀は児童の世紀になる」と宣言して，大人中心の教育から子ども中心の教育へ移行することの重要性を唱えました。それからすでに120年を経過して，はたして真の「児童の世紀」を迎えることができたと言えるでしょうか。

そうした視点から学校教育を問い直し，いったい何が実現・改善され，何が不備なままか，あるいは何が劣化しているかが真摯に問われなければなりません。このようなときに，「ミネルヴァ教職専門シリーズ」と銘打って，全12巻の教職の学びのテキストを刊行いたします。教職を目指す学生のために，基本的な教育学理論はもとより，最新知見も網羅しつつ，新しい時代の教育のあるべき姿を懸命に模索するシリーズとなりました。

執筆者は大学で教鞭をとる卓越した研究者と第一線で実践に取り組む教師で構成し，初学者向けの教科書・入門的概論書として，平易な文章で，コンパクトに，しかも教育的本質の核心を浮き彫りにするよう努めました。すべての巻の各章が①学びのポイント，②本文，③学習課題という３点セットで統一され，学習者が主体的に学びに取り組むことができるよう工夫されています。

３人の監修者は，専門領域こそ違いますが，若き少壮の研究者時代から相互に尊敬し励まし合ってきた間柄です。その監修者の幹から枝分かれして，各分野のすばらしい執筆者が集うこととなりました。本シリーズがみなさんに的確な方向性を与えてくれる書となることを一同，心から願っています。

2020年８月

広岡義之／林　泰成／貝塚茂樹

はじめに

本書『教育の原理』は，教育とは何であり，どこで何をどのように行うのか，教育の本質的な意味を解説した入門書です。教育の歴史や思想，さらに学校の意味についても取り上げています。全体として，教員を目指す学生向けの構成になっています。

私たちが教育に関して触れる情報には，子どもの学力や教育方法，社会現象など，具体的なデータによって説明されることが少なくありません。また，多くの人たちは学校で行われることが教育の大半を占めると考えがちです。社会の状況がめまぐるしく変化し，前例のない様々な新しい出来事や問題が現れてくる今日，私たちは，過去の事柄を知るだけでなく，将来に向かって今何を学ぶべきなのか，根本的に考え直す必要に迫られています。教育を「根本的に考えること」が，教育の原理を意味します。例えば，なぜ学校が存在するのか，社会にとって，学校はどのような意味をもつのか等，本質的なことを立ち止まって考えることは大切です。なぜなら，時代が変化するごとに，以前の答えでは通用しなくなり，新しい答えを探究しなくてはならないからです。

本書の内容について，概説します。全体で4部構成になっています。第Ⅰ部は教育の意味，第Ⅱ部は教育の歴史，第Ⅲ部は教育の思想，第Ⅳ部は学校の意味です。教育についてその本質的意味（Ⅰ）から，時間を経た変化を追い（Ⅱ），さらに具体的な理論（Ⅲ）や形態（Ⅳ）へと展開しています。

第Ⅰ部は，三つの章からなっています。第1章「教育とは何か」では，教育の本質や教育の場，内容と方法等，教育を考える基本的な要素について解説しています。この章を読むことで，教育の原理のエッセンスをつかむことができるでしょう。第2章「人間と教育，それを取り巻く文化と社会」では，現代社会における人間や文化の意味，社会と生活など，教育が人間の営みの中で展開することを改めて実感できるでしょう。第3章「子どもと家庭」では，子どもとはどんな存在なのか，大人との違いや家庭と家族の区別など，普段あまり意識しないで用いている「子ども」や「家庭」という言葉の新たな意味を発見するでしょう。

第Ⅱ部も三つの章から構成されています。第4章「古代から中世にかけての教育」では，古代ギリシアや古代ローマ，中世にいたる教育の展開が解説されています。高校の世界史にある人名等が登場し，懐かしく思うかもしれません。第5章「近代公教育制度の誕生」では，現代の学校がどのように誕生したのか，その源流をさぐることができます。近代化が，各国によって特徴が異なることも興味深いでしょう。第6章「現代教育の分析」では，特に日本の学校教育に焦点を当て，教育基本法や道徳教育，総合的な学習の時間などが，どのような変遷を経て現代に至ったのかを知ることができます。

第Ⅲ部は，四つの章があり，最も分量が多くなっています。思想は，具体的な人物の考えをまとめたものです。教育に影響をあたえた古今東西の人物をすべて取り上げることはできません。けれども，現代の私たちの教育に少なからぬ影響を与えた人物やその背景に存在した人物など，代表的な思想家や教育家たちを取り上げています。第7章「西洋教育思想の源流」では，古代ギリシアの教育思想として，ソクラテス，プラトン等，古代ローマからは，キケローやクインティリアヌスの思想を紹介します。第8章「教育思想の転換の始まり」では，主に中世の教育思想からはアウグスティヌス，ルネサンスからはペトラルカやエラスムスを取り上げます。宗教改革ではルターの教育を，その後17世紀にかけてはコメニウスを取り上げます。第9章「啓蒙主義・新人文主義時代の教育思想」では，カントやロックなど，理性を中心とした思想家たちを皮切りに，「子どもの発見者」であるルソーの思想，さらにペスタロッチや幼稚園の創始者フレーベルが登場します。第10章「教育思想の展開」では，時代も19世紀になり，教育を学問として成立させたヘルバルトの理論が説明されます。これまでは，主にヨーロッパを中心とした教育思想でしたが，20世紀になるとデューイやキルパトリック，ブルーナー等，米国の研究者が活躍します。問題解決学習など，現代日本の学校教育にも登場する方法が生まれたことも注目です。

第Ⅳ部は，三つの章からなります。第11章「学校と社会」では，学校の特性や社会の範囲，またその両者の関わりについて説明しています。現代社会の課題である生涯学習についても考えます。第12章「学校と学習」では，乳幼児期からの子どもの成長や学びについて，また，日本の学校教育の事例が紹介されています。第13章「学校と子ども・教師」では，教師とは何か，これからの教師の在り方はどうあるべきか，教師の多忙化の問題などが説明されています。これから教師になろうとする人に参考になるでしょう。

各章の冒頭に概要があり，さらにキーワードが太字で記されています。重要な概念や人名などを覚える目安として活用して下さい。また，各章の末尾に「学習課題」があり，問いがいくつか設定されています。テキストの内容をさらに深めるためにご利用下さい。また，本書作成にあたり，多くの研究者の成果を援用させていただきました。引用・参考文献表に紹介しております。研究者の皆様のご理解を賜りたく存じます。またご協力に厚く御礼申し上げます。なお，版を重ねた文献に関しては，原則として初版の出版年を記載していますので，ご了承下さい。

本書の刊行にあたり，ミネルヴァ書房編集部の深井大輔氏に大変お世話になり，誠に有難く存じます。諸般の事情により，刊行時期が遅れ，このテキストを心待ちにして下さっていた先生方，関係者の皆様にご心配をおかけしましたことを，この場をお借りしてお詫び申し上げます。今後，ますます変化する社会や教育環境にあって，本書が教育のあるべき方向を考える材料の一つとなることを切に願っております。

2021年３月

編著者を代表して　深谷　潤

目　次

第Ⅰ部

教育の意味

第1章

教育とは何か

本章では，教育の本質，主体，場，目的，内容，方法の六つの視点から学ぶ。人間として存在し，生きることは，家庭や社会とのかかわり抜きにはありえない。教育の本来的意味は，社会を形成する生き物として，つまり人間として生きていくことの中に見出せる。教育の主体である人間は，生き，生活する中で文化を生み出し，それは次世代に継承されていく。教育の目的や方法，内容も社会や文化との関係によって，常に変化していくものである。

1　教育の本質と目的

(1)「教育」という概念

私たちは，教育という言葉を様々な場面で幅広く用いている。学校，試験，塾，予備校，授業，教師，生徒，学生等，教育にかかわる様々な事柄が，「教育」の一語にくくられていることに，あまり違和感をもたないのではないだろうか。教員免許を取得するためにも，教職課程という「教育」を受けなければならない。人に教え，人から教わり，学ぶことは，一人の人間が生きていくために必要な行為である。動物ですら，親から獲物のとり方や空の飛び方等を学ぶ。人間は，さらに複雑で高度な技能や知識，思考力を習得する能力が求められる生き物である。人間は，未成熟なままこの世に生まれ出る。親の保護抜きには生きていくことができない。「教育」と「生きる」は，きわめて近い概念である。

生物としてのヒトは，生まれた時から備わっている本能だけでは生き延びることはできない。そのため，親や周りの環境を通して様々な能力を獲得することが必要となる。栄養を摂取すること，立ち上がること，歩くこと，意志を伝えること等の様々な能力を，親を含め自分以外の人間との間，すなわち生活の中で獲得していく。さらに，家族や共同体の生活の中で，自分が生きていくために守らねばならないルールや規範，行動様式を獲得する。このように，教育は，個体として生きていくための基本的な能力と共同体の中で生きていくための社会的能力の二つの獲得をその機能に含んでいる。

これらの能力は，どちらも生まれた後の様々な経験を通して獲得される。そのために意図的に環境が整備されている場合（**意図的教育**）と，本人が特に何も意識せずに身につける場合（**無意図的教育**）の２種類がある。前者の代表的なものは学校である。人々を近代国家の国民として形成する必要性が高まった，18世紀以降のヨーロッパを中心に成立した制度である。近代の学校は，国が意図的に国民を形成し，経済力や軍事力を高め，国力を増大する目的で整備された国家的プロジェクトであった。

それに対して，後者は，人間が置かれた社会的・文化的環境において様々な経験を通して行われる教育である。家庭や地域の違いによって，言葉使いや嗜好，慣習等，文化的行動様式の相違が生じる。住む場所によって日常生活で触れる様々な刺激が異なり，文化的・社会的環境も異なる。家庭環境の違いも子どもの学力に大きく影響している（第３章参照）。

さらに，教育の概念は，人格形成にかかわる意味と，知識や技能の伝達の意味の二つに分けて捉えることができる。それぞれの言語での対応関係は，表１-１のようにまとめられる。

そして日本語では，教育（あるいは訓育）と教授（あるいは知育）に区分される。一般的に，教育は，教授を含めた上位概念として用いることもある。つまり，人格形成と知識能力の習得を含めた作用を意味して「教育」とするのである。

次に日本語としての「教育」の成り立ちをみてみよう。「教」は，子が大人から教わり，学ぶ行為を示す「子」と「交」の合成された部位（孝）と「支」（軽く打つ）の二つが合わさった言葉であり，励まして模倣させる意味となる。「育」は，「子」のさかさまの形と「にくづき」で構成されている。子どもが生

表1-1　教育の概念

	人格形成にかかわる意味	知識・技能の伝達の意味
英語	education/discipline	instruction/teaching
ラテン語	disciplina/artes	doctrina/studia
ドイツ語	Zucht/Erziehung	Unterricht/Lehre
ギリシア語	didaskein/paidein	askein/agein

出所：筆者作成。

まれ，それに肉をつける（養う）ことを意味するといわれている。

英語の education は，ラテン語の educo の意味にある educare（育てる）と educere（導く）の二つの語源があるといわれている。しばしば教育を「引き出す」の意味で用いるのは，educere の立場をとった場合である。注入（indoctrination）との対比では有効であるが，単独での使用は，教育のもつ「形成（shaping, molding）」の意味が喪失する危険がある，と20世紀米国の教育哲学者**デューイ**（John Dewey, 1859～1952）によって批判された（デューイ，1975：97）。古代ギリシアでは，母や乳母による養育を意味するパイデイアが，のちに教育や教授，教養を一般的に意味するようになった。さらに，ローマでは，パイデイアがフマニタスの語に当てられ（第7章参照），さらに自由学芸（liberal arts）を形成することとなった。

このように，教育の概念は，時代に応じて様々な意味に解釈され，幅広く人間の営みや作用を示している。その意味で，教育とは，それが何であるかを常に時代とともに問われ続けなければならない概念であるといえる。

（2）何のために教育は行われるのか

教育は人間が生活し，社会で生きていくうえで欠かせない活動である。一人の幼い子どもが成人し，社会の中で働き，自立した生活を維持し，次の世代を担っていく過程において，教育は，家庭や学校，そして社会の様々な場面で大きな役割を果たしている。教育の目的，すなわち何のために教育が行われるのかは，きわめて自明のことのように思われる。しかし，歴史的にみると，必ずしもそうではない。一人の人間が生きていくための教育という考え方は，むしろ近代以降生まれたものであり，国家のため，民族のための教育の歴史が長かったのである。それでは，これから教育の目的を考えるうえで，基本的な観点を三つ提示したい。

第一に，個人の人格の完成を目的とする考え方である。それは，1947（昭和22）年に制定された「教育基本法」の第1条の教育目的にも記されている。「教育は，人格の完成をめざし，平和的な国家及び社会の形成者として，真理と正義を愛し，個人の価値をたつとび，勤労と責任を重んじ，自主的精神に充ちた心身ともに健康な国民の育成を期して行われなければならない」。これは，過去の戦争の反省を生かし，人間が一人の人格として尊重され，また平和を希求する主体的な人間を育成することを目指している。

第二に，人間は社会的な存在であり，個人が孤立しては存在しえない。社会や集団の中で自己を成長させるのである。そのため，社会の様々な活動に参加し，責任をもちつつ社会の理想の実現や課題の解決に努力していく人間となることが求められる。子どもたちは，社会に参加するための準備として，学校等において様々な集団生活を経験する。その中での諸活動を通じて自分の能力や他者への意識を広げ，自分が人のために貢献し，また助け合う機会を通じて一人の人間として成長していく。

第三に，個人や社会における教育目的は，個人の思いや社会の現実に制限されがちである。個人や社会がより良く成長，発展していくためには，さらにそれらを超えた理想を求める良識や価値が必要である。飢餓や貧困がなくなり，世界中の子どもたちが幸福に生活できるためには，戦争のない平和な世界が求められる。このような理想を実現するためには，現実の社会の中だけでは答えは見つからない。人類の歴史や文化，普遍的価値観に関する教養に基づいて，平和の構築に必要な方法を考える必要がある。外国語を学び，多文化に触れ，歴史や伝統に触れながら幅広く知識を身につけ，教養ある人間となることは，特定の個人や社会のための教育ではなく，広く人類のための教育につながる。

教育目的の基本的観点は，次に説明する3種類の教育思想と重なる部分が大きい。まず，古代ギリシアの哲学者，**プラトン**（Platōn，BC427頃～BC347頃）の教育論において，個人の完成と国家目的に奉仕する人間の育成という二つの目的の調和が見出せる。プラトンは，個人の天分を見極め，三つの階級に分けて，それぞれ国家を構成する人間として役割を担うことが必要である，と考えた。それらは，(1)国を治める為政者，(2)防衛に専念する軍人，(3)生産に励む生産者の三つである。為政者は，無私であり，英知の徳をもって政治を行うことが求められた。軍人は，政治に干渉することなく，勇気の徳をもって国を守ることが使命であった。生産者は，節制の徳をもって，生産に励むことが大切であった（プラトン，1979：302）。

18世紀の思想家**ルソー**（Jean-Jacques Rousseau，1712～1778）は，国家よりも人間としての個人に重点を置きつつ，個人と社会のあるべき関係について，彼の思想を展開した。『エミール』（1762）は，自分の理性以外のあらゆる外の権威に支配されない，人間本来のもつ自然な状態を理想とした教育論である。他方，『社会契約論』（1762）では，社会改革を主題とし，人間の自由と平等や民主主義の原理について言及した。そのことが，アメリカ独立やフランス革命の理論的支柱とされたといわれている。

またデューイは，個人における「自然的発達」の達成，社会における「社会的能力」と，さらにそれらを超えた「教養」の獲得が目指されるとする論を展開している。すなわち，子どもの成長・発達を育むことが自然的発達の目的である。また，個人の自然的発達を社会的な規範や状況に合わせ，産業社会や市民生活をおくるために必要な能力を身につけることが次の目的である。そして，教養を身につけることが，人格の内面を充実させ，より良い人間を育成するために必要となる。

2　教育の主体

（1）「人間」をどう捉えるか

教育は人間の営みである。それでは，教育を行う人間とは何なのか。どのような存在なのだろうか。このような根本的で，哲学的な問いを立てる必要が，一体なぜあるのだろうか。それは，人間をどのように捉えるかによって，教育の在り方が大きく異なるからである。たとえば，人間を動物と変わらない存在と捉えるならば，教育と調教の区別は曖昧になるであろう。しばしば報道される児童虐待の問題は，親の「しつけ」が動物への調教と変わりがない状態，子どもを動物イメージで捉えている状態から生じていると思われる。人間を庭園に咲く花のような存在（植物イメージ）で捉えるならば，花が咲く前までに，肥料をやり，雑草を取り，水を上げ，日当りを良くする配慮を行うであろう。つまり，環境を整えることが教育を意味する。また，経験次第でどのような人間にも作り変えることができる（無機物イメージ）と捉えるならば，幼い頃から様々な経験をさせ，そこから知識や能力を獲得させることに励むであろう。

（2）西洋における人間観

人間とは何か，という問いは，古代ギリシアの**ソクラテス**（Sōkratēs，BC470またはBC469～BC399）にまで遡ることができ，ヨーロッパの中世，近代，そして現代に至るまで様々な定義づけが行われてきた。これから人間をどのように観るのか（人間観）を大きく三つに分類して説明していきたい。

第一に，人間は動物と区別される知性をもった存在である。それは，ホモ・サピエンス（Homo sapiens，叡知人）と呼ばれている。いわゆる，人類であり，生命体としてのヒトである。ソクラテスは，人間を「理性的動物（animal rationale）」と呼び，他の動物と区別した。理性や知性をもった生き物としての人間とチンパンジーや他の哺乳類との違いはどこにあるのか。ポルトマン（Adolf Portmann，1897～1982）によれば，動物は本能に基づき，環境に拘束されているが，人間は世界に開かれた存在であり，決断の自由をもっているという（ポルトマン，1961：117）。また，**アリストテレス**（Aristotelēs，BC384～BC322）は，人間は「社会的動物（animal sociale）」であると定義づけた。単体としての人間は，そのままでは生きていくことができず，共同体を作って助け合って生きる存在である。助け合いや思いやり，愛の行為は，単なる本能を超えた人間の知的，理性的な特徴である。

第二に，人間は宗教的存在（Homo religiosus，宗教人）である。中世から近代にかけてのヨーロッパの世界は，キリスト教が支配する神中心の人間観であった。人間は，神によって造られた存在（被造物）であり，自然を管理する役割を与えられていること，神に似せて造られたこと（imago dei，似姿）に特徴づけられている。聖書の創世記に記載されている世界観が，近世に至るまで人間を理解する枠組みを形成していた。人間は，神との関係性の中でその存在を保証されていた。18世紀ドイツの哲学者**カント**（Immanuel Kant，1724～1804）は，「人間は教育されなければならない唯一の被造物である」（カント，1986：315）と述べている。これは，人間がそのまま放置したら人間となることはできず，他の人間を通して教育を受け，それによってはじめて人間となることができる，という意味である。そして，人間が神から離れ，人間独自の責任においてやるべきことを行う人間中心的な考え方が，ルネサンス期を経て近代に生まれてくる。

第三に，人間は技術を発達させて自然を征服し，さらにそれを科学的に分析しようとする存在（Homo faber，工作人）である。すでに物事を対象化し，客観視できる能力をもったホモ・サピエンスとしての人間は，近代以降，人間が生きていくための手段を科学技術の発達とともに発展させてきた。心理学，生物学，経済学等，新たな学問分野が世界の視野を大きく広げ，分析し，人間の在り方に新しい意味と課題を生み出している。インターネット，AI など最新技術がもたらす社会の変化は，私たちの生活様式に大きく影響し，人間の存在意義をあらためて問い直させることとなった。

（3）東洋における人間観

人間を自然の一部と考える立場は，東洋思想の中に見出せる。たとえば，輪廻転生の考え方では，生と死がとどまることなく繰り返される。今の自分が人間としてこの世に生を受ける前，すなわち「前世」では，動物だった，ということもありうる。そこには，生命の連続性が前提とされる。生命そのものは変わらなくとも，その姿や形は多種多様である。今の世界（現世）では人の姿をしていても，前世はたとえばライオンや兎であったりする。このように，人間を他の生き物と区別なく捉える考え方は，西洋のキリスト教的な人間観と大きく異なる点である。

日本人と欧米人にとっての自然の捉え方の違いについて，哲学者の山折哲雄

(1931～) は，大地震などの自然災害が生じた時の日本人と欧米人の態度を例に挙げている。日本人は，「いい意味での集団主義と無常観の影響」により，被災者たちの表情がじつに穏やかだった。それに対し，米国のニューオーリンズでのハリケーン被害の際は，人々は「例外なく怒りや悲しみを全身であらわし」，略奪行為が起きて治安が悪化した (山折，2010：71～72)。また日本列島では，多くの地震が頻繁に生じ，人々は自然の驚異におののき，それに反抗するよりも，畏怖の念をもってきた。「自然は無常である」という感覚が，生活の中から生まれ，それが日本人の人生観を育んできた，と山折はいう (山折，2010：73)。このように，人間を理解するうえで，自然との関係に東西思想で大きな違いがあることがわかる。

3　教育の場

(1) 様々な教育の場

私たちは，学校や教室で教育が行われていると考えがちである。しかし，学校以外にも家庭や地域，さらにインターネット空間 (ネット社会) においても教育が行われている。教育は，家庭からネット社会まで，様々な人とのつながりの中で展開している。一般的に，人とのつながりがまとまっている状態を社会と呼ぶ。社会は，共同生活が営まれたり，構成員が共通の意識をもっていたりするが，単に現実の世の中，世間を意味する場合もある。人間が「社会的動物」であり，助け合って生きていく存在であることは，すなわち社会の中で生きていくために必要な様々な能力を身につけていくことである。人間にとって，この社会は時代とともに変化するだけでなく，人間の成長に応じて，人間のかかわり方も変化していく。デューイによれば，自分を取り巻く環境が変化するのに合わせて，自分も成長していくのである (デューイ，1975：27)。

(2) 保育の場

生まれたばかりの赤ん坊は，保護者のいる家庭環境もしくは，保育所等の養育施設の中で育っていく。そこでの人間関係は，保護者や保育士等，自分を保護・養育してくれる大人との関係である。その中で，赤ん坊は安心と信頼を獲得する。これは，乳児保育の領域における「養護」に該当する。赤ん坊が成長し，立ち歩き，意思を表示し，言葉を発するようになると，子どもたち同士がかかわる機会が増える。幼稚園や保育園，こども園等，家庭の外の施設の中で，主に同年代の子どもたちとの交流が始まる。この交流の場では，専門性の高い保育士や教師が子どもたちとかかわり，共に時間を過ごすばかりでなく，子ども同士の集団の中で，様々な活動を経験する。このような保育や教育の場は，ある教育理念をもった共同体としての社会を形作っている。

（3）学校教育の場

日本では，6歳になると小学校に入学し，学校教育が本格的に開始する（幼稚園も法的には学校である）。小学校は，一日を決まったスケジュールで生活し，時間割に沿って様々な科目を集団で学習する。集団は，学級によって区分けされ，大体いつも決まったメンバーで学習する。このような学校生活は，幼稚園などですでに経験している子どもたちも少なくないが，多くは不慣れなため，集団での一斉授業が成立せず，「小1プロブレム」という問題が生じることもある。このような学校での教育の特徴は，国の決めた基準（学習指導要領）に沿って，一律に教える内容が定まっていることにある。また，集団生活が子どもたち個人の自由な行動に一定の歯止めをかけ，一斉に同じ行動をとることを求める場面が多くなる点も特徴的である。

個人が，自分の属する集団に適応するために必要な行動を学習するプロセスを「**社会化**（socialization）」という。学校は，まさに社会化を教える場であるといえよう。さらに，学校では，様々な知識や能力を教え，学習の機会を備えている。この機会を通じて，個人は自分の文化の内容を習得する。学校は，読み書き計算などの基本的技能だけでなく，歴史や社会，科学，体育，芸術等，多様な文化の要素を伝達する。これを「**文化化**（enculturation）」と呼ぶ。また，文化化とは単に文化を伝達することだけではなく，人々によって，修正され，変革されるプロセスでもある（第2章参照）。

（4）生涯教育の場

1965年パリで開催されたユネスコ成人教育推進国際委員会で，**ラングラン**（Paul Lengrand, 1910～2003）は，「生涯教育（life-long integrated education）」を提唱した。それは，生活の中での様々な経験を通してより一層自分自身になることに，生涯を通じて貢献しうる教育である。この理念に賛同し，日本においても1970年代に，従来社会教育と呼ばれていた範疇に，生涯教育という言葉を採り入れた。社会教育は，「主として青少年及び成人に対して行われる組織的な教育活動」である（「社会教育法」第2条）。たとえば，図書館や博物館など国や行政によって整備された施設を通じて，文化的教養を高める環境を整備することなどである。生涯教育は，現在，社会教育の一部とみなすことができる。

さらに，教育の場としてネット社会がある。この社会は，自由で迅速，便利な反面，法的整備が十分でなく，様々なトラブルが生じていることも事実である。その要因は，単独での子どもの利用が可能となってしまうことも一つにある。ネット社会とのかかわり方やマナーなど，新たに子どもたちに教えるべき技能やモラルも看過できない。

4　教育の内容と方法

（1）教育的価値の基準

子どもたちに大人は何を教えるべきなのか。学校教育を中心に考えるならば，教科書の内容そのものである，と答えることができるであろう。一般的に，教育内容を組織化したものが**教育課程**（manifest curriculum, 顕在的カリキュラムまたは単に「カリキュラム」）と呼ばれている。さて，人間にとって教える価値のある内容は，どのような考え方に従って決まっているのだろうか。教育的価値の基準として考えられるのは，①文化の基本とみなされるもの，②学習者にとって興味や必要性をもたらすもの，③社会が求めるもの，④問題解決の能力を伸ばすものの四つである。

①　文化の基本とみなされるもの

人類が長年積み上げてきた文化を形成する様々な領域が，教育に値する内容である。それらは大きく事実を扱う領域（例：科学，歴史など），形式を扱う領域（例：言語，論理，数学，哲学，芸術など），規範を扱う領域（例：道徳，倫理，宗教など），技術を扱う領域（例：医療，教育，農学，工学，商学，政治など）の4領域に分けられるであろう。

② 学習者にとって興味や必要性をもたらすもの

個人の興味や関心，また必要性に応じて教育される内容が決まる。その代表的な例は，デューイのシカゴ大学付属実験学校（1896～1903年）での教育実践である（『学校と社会』，1899)。彼は，子どもの衝動に基づく作業を中心に教育内容を組織化した。その衝動とは，社会的本能，製作の本能，探究の本能，表現的・芸術的本能である。たとえば，料理の授業では，野菜と肉料理を通じて，栄養素の成分を理解し，卵を熱湯に入れ，白身の変化を観察することによって，単なる卵料理の作業ではなく，特殊な中に普遍的な法則が隠されていることを発見させようとしている。また，編み物の作業では，ネイティヴ・アメリカンの毛布を提示し，織機を製作し，さらに色や模様を独自にデザインさせた。その作業を通じて，忍耐や辛抱を養うだけでなく，歴史的知識や技術的訓練，さらに芸術の精神まで学んだ。

また，**キルパトリック**（William Heard Kilpatrick, 1871～1965）のプロジェクト・メソッド（Project Method, 1918）は，教師が一方的に知識を教えるのではなく，学習者が自ら問題を察知し，批判的に検討し，克服できるよう導くことを目指した。

③ 社会が求めるもの

個人を社会化し，社会との統合を図るために必要な教育内容である。

1920年後半以降の米国の経済恐慌時に，民主社会を再び作り上げるため，国民に共通に必要とされる能力を育成することを目的に出されたバージニア・プランが，この一例である。そのプランは，社会的機能を12項目に分け，そこから学年に応じて**範囲**（scope）を決めて，発展的に**配列**（sequence）するものである。項目は以下の通り，生命の保護，自然資源，生産と分配，消費，情報と伝達，レクリエーション，芸術活動，宗教活動，教育，自由の拡大，個人の統合，探究の順に配列された。

日本では，明治期に仁義忠孝の徳目を教える「修身」が最も重要な科目として，学校教育に導入された。この科目は，国民意識を高め，国家の統合を図る目的で設定され，教育勅語体制の下，第二次世界大戦終了まで，教育の原理を担っていた。

④　問題解決の能力を伸ばすもの

かつて，人間の精神能力（推理・記憶・想像・観察など）を伸ばすことを目的とした形式陶冶の立場があった。今日では，知識や技能よりも思考力や態度を重視する教育が該当するであろう。また，思考力を身につけることは，デューイの反省的思考の中にも見出せる。それは，仮設，実験，検証を繰り返す実験的思考のことであり，問題解決学習を通して展開する。具体的には，何かを経験することを通じて問題を感じ取り，それに関する資料を集め，仮説を設定し，仮説が正しいかを吟味する。このプロセスを通じて思考力を伸ばしていくのである。

しかし，形式陶冶は，それだけで独立して存在するわけではなく，対象となる学ぶべき内容がなければならない。知識の中身や具体的な技術を理解し，習得することを実質陶冶という。知識の系統性や技術の発展的段階などが考慮されて，能力が伸ばされていく。

（2）学習指導の二つの考え方

教育の目的は，その内容と方法によって実現される。どんなに崇高な理念や理想を掲げても，それをどのように実現すべきか，教育すべき内容と，その方法がなければ目的を達成することはできない。また，どんなに高度で最新の方法を採り入れても，目的から離れて用いられるならば，教育することの意味はなくなる。

さて，人格の完成を目指し，より良い人間性を育むための教育の方法は，従来二つの側面から考えられてきた。一つは，教える内容（教科や教材など）の理解や習得を目指す教育活動である。それは，学習指導と呼ばれる。古くは「教授」という表現が用いられた。もう一つは，学習指導以外のすべての教育活動を意味する生活指導である。文部科学省は，小学校の教育も含めて「生徒指導」という表現を用いている。これら二つの指導のうち，ここでは学習指導を中心に説明していくこととする。

①　教師中心か学習者中心か

従来から指導には，二つの考え方があると言われている。一つは，教師を中心とした指導の方法，もう一つは，学習者（子ども）を中心とした指導の方法である。

教師中心の指導方法とは，教師の方から学習者に知識を習得させる方法である。教師がお手本となり，教えるべき知識を学習者に伝達するのである。学習者は，教師から学ぶべき内容を受け取り，それを自分のものにしていく。学習活動は，教師によって導かれ，教師が管理していく。教育内容も教師が決め，学習者に学びを促していく。この方法は，学習者の意志にかかわらず，教師の一方的な伝達によって教えられることが特徴である。

教師中心の指導法は，教える内容が順序立っていることが望ましい。たとえば，易しいものから難しいものへと段階を経ているように，系統立てて配列される学習は，「**系統学習**」とも呼ばれている。代表的なものに，ヘルバルト派のラインによる5段階教授法（予備・提示・比較・総括・応用）がある。

次に学習者中心の指導法は，学習者の自発性に基づき，経験を通じて学ぶように導く方法である。自発性とは，学習者の興味や関心が動機となることである。そして，自ら進んで活動する中で，多様な学びを経験する。その経験が，学びを続けるうちに徐々に変化し，自分の中に再び形を変えて自分のものになっていく。その再構成された内容が，次の新しい経験に生かされていく。一次的な体験ではなく，継続的に生かされていく経験が，教育活動の中で学びへとつながっていく。デューイの問題解決学習は，教師中心の注入型の教授を排除し，作業を重視しており，戦後，理科や社会科などの指導方法として普及した。また，**ブルーナー**（Jerome Seymour Bruner，1915～2016）の発見学習は，学習者が自ら課題を発見して，それを出発点として展開される方法である。教師は，学習をサポートする側にまわる。基本的な学習の過程は，(1)問題意識をもちながら，具体的な事実を観察する，(2)仮説を考えさせる，(3)論理的思考を通して仮説を検証し，結論へ向けて概念を構成する，となる。この過程を通して，学習者の，自ら発見し，自分でさらに調査・探究する意欲的な態度が養われる。

教師や学習者を軸とした二つの指導方法の他に，教師が媒介的役割を果たす方法もある。それは，教師の「教えたい」主張と，学習者の「学びたい」主張の両者がぶつかり合い，教師の教えたいことが，学習者の学びたいことに変化する方法である。「共同探究的な学習」とも呼ばれている。

②　個別か集団か

これらの指導方法の他に，誰を指導するのか，指導の客体の観点からも指導方法は2種類に分けられる。一つは，個別指導であり，もう一つは集団指導である。ここでは，簡単に二つの違いと特徴を概略する。

個別指導は，学習者の個人差を明確に把握し，それに対応した指導を行う方法である。マンツーマンの指導が典型的である。他にも，多くの生徒がいる教室の中で，個別に生徒を呼び出したり，教師が机を回って対応したりする場合も，指導の場面に限っては「個別指導」となる。個別指導のメリットは，個人の学習進度や習熟度に合わせて，指導が可能なことである。デメリットは，一人にかける時間が限られ，多くの学習者に対応することが難しいことである。

集団指導は，教師が一斉に集団に対して指導する方法である。学級は，集団指導の単位であり，一般的に学校の教室で展開される授業の多くはいまだに集団指導である。一度に多くの学習者に対して指導できるメリットがある。ただ，学習者の個別の要望に答えられないデメリットがある。また，学級の中に，グループや班を設け，グループごとに課題に取り組み，互いに教え合う機会を作る方法もある。この「学び合い」は，教師の指導の補助的機能をもつだけでなく，グループ内の他のメンバーに教えることで，学習者自身の学びを深める役割ももつ。二つの指導法のメリットを生かした方法に，**ティーム・ティーチング**（TT）がある。複数（多くは二人）の教師が教室内にいて，一人は一斉教授を行い，もう一人は個別指導を行うものである。授業の進度を変えずに，多様な習熟度の学習者に対応できる方法として一般的に取り入れられている。

学習課題　①　教育の意味が時代とともにどのように変化したのか，まとめてみよう。

②　今後の教育の方法が，どのように変化していくのか，またどんな問題が生じる可能性があるのか考えよう。

引用・参考文献

カント，I.『人間学・教育学』三井善止訳，玉川大学出版部，1986年。

厚生労働省『保育所保育指針』フレーベル館，2017年。

柴田義松編『新・教育原理（改訂版）』有斐閣，2003年。

田浦武雄『改訂版　教育学概論』放送大学教育振興会，1990年。

田嶋一ほか『やさしい教育原理第3版』有斐閣，2017年。

デューイ，J.『学校と社会』宮原誠一訳，岩波書店，1957年。

デューイ，J.『民主主義と教育（上）』松野安男訳，岩波書店，1975年。

プラトン『国家（上）』藤沢令夫訳，岩波書店，1979年。

ブルーナー，J.S.『教育の過程』鈴木祥蔵・佐藤三郎訳，岩波書店，1963年。

ポルトマン，A.『人間はどこまで動物か』高木正孝訳，岩波書店，1961年。

文部科学省『生徒指導提要』教育図書，2010年。

文部科学省『幼稚園教育要領』フレーベル館，2017年。

文部科学省『小学校学習指導要領』東洋館出版社，2018年。

山折哲雄『わたしが死について語るなら』ポプラ社，2010年。

ルソー，J.J.『エミール（上）』今野一雄訳，岩波書店，1962年。

ルソー，J.J.『社会契約論』桑原武夫・前川貞次郎訳，岩波書店，1954年。

第2章

人間と教育，それを取り巻く文化と社会

人間の本質とは何だろうか。また，人間を取り巻く文化や社会と教育の関係は，一体どのようなものだろうか。本章では，まず科学と現代社会とのかかわりから教育の主体である人間の本質について学ぶ。また，世界文化遺産など，客観的な価値の基準について触れつつ，教育の内容としての文化の意味について学ぶ。さらに，家庭から共同体，今日のネット社会に至るまで，教育の場としての社会の在り方を学ぶ。

1　現代社会における人間

（1）人間とは何か——科学との関係から

①　なぜ人間は科学を発展させるのか

今日，高度に発達した科学技術は，人間の在り方そのものの見方を大きく変化させている。クローン技術や AI（artificial intelligence，人工知能）の進展によって，人間とは何か，その本質があらためて問われている。このような現象は，近代以降物事を対象化し，技術を生み出し，それを利用する人間が主体性を徐々に喪失していること，そして，人間によって生み出された技術が手段としてではなく，それを使うこと自体がむしろ目的となってしまっていることを意味する。カントは，人間は目的そのものであり，単に手段として使用できない，と主張した（『実践理性批判』，1788：第1部第2編第2章第5節）。それが今日の社会では揺らいでいる。言い換えれば，人間は何かを達成するための手段と化してしまう危険性がありうるのである。

これまで科学は，物事の対象化と分析に基づき，新たな発見をもたらしなが

ら発展してきた。しかし，何のために科学が存在するかを，科学自身が答えることはできない。人間は何のために生きるのかを科学的に証明することはできず，何のために技術を発展させるのかは，人間が知りたいから，という本能的な欲求以外に説得力ある答えは見出せない。経済を発展させ，社会が豊かになるため，という答えは，一見正解のようにみえる。しかし，経済的指標は数量的に示すことができるが，個々人の「豊かさ」は科学的に証明できない。何のために科学技術が発展してきたのか，その理由を西洋の科学史に求めるならば，宗教的な側面が無視できない。地動説を発表したコペルニクス（Nicolaus Copernicus，1473～1543）や万有引力の法則を発見したニュートン（Isaac Newton，1642～1727）のように，神が創造した世界はけっして無秩序ではないはず，という信仰が近代科学の発展に寄与した面は否定できないからである。

②　なぜ AI にできないことがあるのか

現代社会における人間の在り方に，今後大きく影響する可能性が高いのは，AI 技術の応用である。AI で可能なことと，人間にしかできないことの区別は，私たちにあらためて，人間とは何かを考えさせる機会を与える。

1956年，米国ニューハンプシャー州のダートマス大学における会議でコンピュータ科学者マッカーシーやシャノンらが集まり，「AI」という言葉が初めて用いられたといわれている。当時は，数値計算を目的としたコンピュータが発明され，文字や図形，シンボル等記号も扱うことが可能であることがわかり始めた頃であった。その後，一時期 AI の研究は停滞した。しかし，1990年代になり，インターネットが普及しだすと，ウェブ上の膨大な情報をコンピュータに記憶させ，ビッグデータを処理する超高速プロセッサや記憶装置などの研究も進んだ。そして，チェスや囲碁・将棋で，コンピュータが名人をやぶることが可能な時代が到来した。かつて巨大な計算機にすぎなかったものが，脳科学の研究成果を応用し，「ディープ・ラーニング（Deep Learning）」と呼ばれる音声や画像の認識を飛躍的に伸ばす技術が成功したことによって，学習能力を備える最新鋭のものとして開発されることが可能となった。日常生活でインターネットを用いて買い物をし，それによって得た膨大なデータを基に，次の「おすすめ商品」が自動的に表示されることは，当たり前になった。医療現場では，患者のカルテの情報から，適切な医薬品の処方がきわめて短時間で提示され，また，遺伝子情報の解析が進んでいる。自動車メーカーは，運転手抜きでも走行可能な自動運転のシステム開発にしのぎを削っている。膨大な情報を記憶，分析し，きわめて速く必要な情報を提供する能力は，確かに AI の優れた点である。

しかし，人間のもつ好みの変化，医療や交通の現場でのトラブルに対して，AI は主体的あるいは自由な判断，並びにこれが最も重要であるが，自らの責任をもつことができない。1950年，米国の SF 作家アイザック・アシモフは，著書『われはロボット』の中で次のような「ロボット三原則（three laws of robotics）」を提示した。第一に，「ロボットは人間に危害をくわえてはならない。また何もしないで人間が危害を受けるのを見過ごしてはいけない」。第二に，「ロボットは人間の命令に従わねばならない。ただし第一原則に反する命令はその限りではない」。第三に，「ロボットは自らの存在を守らねばならない。ただし，それは第１，第２原則に違反しない場合に限る」。

KDDI 総合研究所リサーチフェローの小林雅一は，小説の世界ではこれでよいかもしれないが，現実社会では，何が起こるかわからないので，この三原則ではとても対応できないと述べている。AI 研究者の間では，これを「フレーム問題」と呼んでいる。ゲームのような，ある限定されたルールの中で行われる事柄には，AI はうまく対応できるが，自動運転車が起こす事故は，想定が複雑であり，一度作った枠組みだけでは処理しきれない，様々な事態が生じる可能性がある。つまり，フレームが設定できない領域，特に，人命にかかわる領域に関しては，今のところ AI は対応不可能といえる。

（２）求められる人間像「グローバル人材」とは何か

科学では，前例のない事柄についての対応や倫理的な問題，そして人間の存在の意味を明らかにすることは難しい。人間がどうあるべきかということ，それは時代とともに教育の課題として検討されてきた。現代の日本社会では，グローバル人材の育成を教育の面で目的としている。政府の検討委員会では，グローバル人材を「世界的な競争と共生が進む現代社会において，日本人として

表2-1 「グローバル人材」の要素

要素Ⅰ	語学力・コミュニケーション能力
要素Ⅱ	主体性・積極性，チャレンジ精神，協調性・柔軟性，責任感・使命感
要素Ⅲ	異文化に対する理解と日本人としてのアイデンティティー

出所：「グローバル人材育成推進会議中間まとめ」2011年6月より抜粋（https://www.kantei.go.jp/jp/singi/global/dai2/siryou2.pdf　2020年5月14日閲覧）。

のアイデンティティを持ちながら，広い視野に立って培われる教養と専門性，異なる言語，文化，価値を乗り越えて関係を構築するためのコミュニケーション能力と協調性，新しい価値を創造する能力，次世代までも視野に入れた社会貢献の意識などを持った人間」と説明している（「産学官によるグローバル人材のための戦略」産学連携によるグローバル人材育成推進会議，2011年4月より）。

さらに「グローバル人材」の定義として，表2-1のような三つの要素を提示している。

これらの定義によれば，グローバル人材とは，英語を中心とした外国語を自由に駆使して，多様な文化や宗教的背景をもつ世界中の人たちと協働して，よりよい社会，そして世界の構築に努める人間のことであろう。グローバル人材を育成すること自体が目的ではない。もしそうであれば，語学力を上げることが目的となりかねず，ひたすら試験のスコアを上げることに意義を見出すこととなるであろう。そうではなく，「より良い社会，世界」の実現のために手段として語学力は必要であることの認識が不可欠である。また，政府が提唱する三つの要素について，客観的にどこまで育成されたかを測ることは，語学力を除いてきわめて困難である。また，「日本人としてのアイデンティティ」を何によって保証するのかは，国が決めることではなく個人の心の問題である。複数の文化を併せもつ人々も今日珍しくない。一つの民族，国家に限定されたアイデンティティの設定自体も検討課題であろう。

2　教育の内容としての文化

（1）文化の意味――生活の中で生まれ，伝えられるもの

人間が生きていくためには，言葉や数字も含め，多様な知識や経験を必要とする。単に生命体の保持のための最低限の栄養を補給すれば，生きている，といえるのではない。自分の好きなこと，やりがいや生きがいといったものが，自分の人生を豊かにする。また，他の人のために尽くすことは住みやすい社会を形成するうえで不可欠である。人間は一人で生きていくことはできない。直接的・間接的に他の人間がかかわり，互いに助け合い，利益をもたらし合いながら生活している。そのために必要な様々な能力は，文化を通して習得される。では，文化とは何か。

辞書的意味では，「人間が自然に手を加えて形成してきた物心両面の成果」であり，「衣食住をはじめ，技術・学問・芸術・道徳・宗教・政治など生活形成の様式と内容を含む」ものである。西洋では，「人間の精神的生活にかかわるもの」を文化（culture）と呼び，「技術的発展のニュアンスが強い」文明（civilization）と区別する違いがある。

ただし，文化の定義には様々な捉え方がある。文化概念は，ラテン語の cultura に由来し，もともと栽培を意味していた。そこから転じて，教養（Bildung）や集団に固有の生活様式（design for living）を意味するようになった。ドイツ語の文化を意味する Kulture は，教養的な意味が強く，英語の culture では，生活様式的な意味が強い傾向がある。イギリスの文化人類学者**タイラー**（Edward Burnett Tylor，1832～1917）は，文化を総体的に捉える必要性を説いた。彼は文化には野蛮・未開・文明の三つがあると考えた。文化は，野生の動植物を食べて生活していた段階から，農耕を開始し，食べ物を貯蔵できるようになり，文字によって記録ができる段階へと時代とともに発展してきた。文化には，技術，習慣，法律，宗教など様々な面があるという（タイラー，1973：28～29）。また，アメリカの文化人類学者クラックホーン（Clyde Kluckhohn，1905～1960）は，文化は「人間によって創り出され，人間によって伝承されるもの」であり，

「集団社会が蓄積した知識をしまっておく倉庫のようなものである」と述べている（クラックホーン，1971：42,44）。

人間の生活様式で特徴的なものは言葉（言語能力）であり，この点が動物と明確に区別されている。構造主義人類学者の**レヴィ＝ストロース**（Claude Lévi-Strauss，1908～2009）は，「文字をもったことは，人間の知識を保存する能力を目覚ましく増大させた」と述べている（レヴィ＝ストロース，1977：168）。文化を作り上げるものは，集団的な「合目的性をもった無意識」の働きであるという。そして，彼は文字の有無が，知的と野蛮を区別する基準となったと考えた（レヴィ＝ストロース，1977：168）。

これらの定義に共通する点は，文化とは人間が生活の中で作り出し，さらにそれを次世代に引き継いできたことである。教育の分野では，将来残すべき価値あるものを判断し，伝承すべき内容として保存する過程を経ることになる。たとえば，学校で使用する教科書の内容は，国が検定をしてから各学校に配布される。ある意味で，国が文化を規定しているともいえよう。様々な法律や制度も国会で審議され，廃止すべきか，改善すべきか，または新しい法律を作るべきかを決定する。芸術の分野では，ある作品が作者の生前はあまり評価されていなかったものが，後の時代になって価値が再発見されて現在に至るものもある。たとえば，バッハ（Johann Sebastian Bach，1685～1750）の最高傑作の一つ，マタイ受難曲（初演1727年）が，バッハの死後80年近くたった1829年，メンデルスゾーン（Felix Mendelssohn，1809～1847）によって公演され，バッハが再評価されたことが典型的である。

（2）文化の内容――何が生まれ，何が伝えられるのか

①　伝達される文化

教育は，大人が子どもにそれまで担ってきた文化の内容を伝達していく役割がある。「共同体が成員等及び次代に精神的所有を植え付けることによって，彼等は個別から脱して，意識の・世界像の・態度の・類型的共同へと成長して行くのである」と**クリーク**（Ernst Krieck，1882～1947）は考えた（クリーク，1943：95）。ここでの「精神的所有」とは，精神的遺産であり，文化財を意味す

る。これを「植え付ける」とは，客観的なものを主観的にすること（個人化すること）である。彼の立場は，実証的・実験的な科学の立場とは異なり，思弁的な傾向をもっていた。彼の考える共同体社会は，次第に民族国家主義的性格を帯びるようになり，ファシズムと結びつくこととなった。同時に，それは客観的なものを増殖させる。言い換えれば，個人の中に客観的知識が増えるのである。文化教育学の立場をとった**シュプランガー**（Eduard Spranger，1882～1963）は，文化伝達の役割を教育が担うと考えた（シュプランガー，1961：146）。客観的文化を習得して，文化的価値を内面化し，主観的精神となる。その精神を持った個人が文化創造に携わることで，文化がさらに豊かになると考えた。

また，**ブラメルド**（Theodore Brameld，1904～1987）は，個人化の意味をさらに掘り下げた。単に文化の内容が伝達されるだけではなく，文化を内面化すること（文化化）が重要であり，人間の態度・感情・日常活動と文化がかかわることを意味する。そして，彼は，文化の秩序を人間関係に，文化の過程を学習経験や価値に，文化が進むべき目的を自由ないし社会的自己実現とかかわらせて考えた（甲斐，1984：91～105）。

②　選ばれる文化

教育内容としての文化は，その特徴として，それが伝承すべき内容をもっているかどうか，文化的な価値があるかどうかが客観的に評価されるものといえる。しかし，誰がそれを決めるのであろうか。先の教科書の例では，文部科学省の教科書検定にかかわる委員会が具体的な審査を行っている。学校教育を通じて，次世代を担う子どもたちに必ず学んでおいてほしい基本的な文化内容を精査するのである。

2008（平成20）年に改訂された中学校の学習指導要領では，保健体育に武道・ダンスが必修化された。文科省は，「武道は，武技，武術などから発生した我が国固有の文化であり，相手の動きに応じて，基本動作や基本となる技を身に付け，相手を攻撃したり，相手の技を防御したりすることによって，勝敗を競い合う楽しさや喜びを味わうことができる運動」であると説明している。つまり，日本の伝統文化を学校教育で継承することが謳われているのである。

また，2018（平成30）年度から施行された「特別の教科　道徳」の教科書の検定段階において，ある出版社の作成した教科書に「学習指導要領に示す内容（伝統と文化の尊重，国や郷土を愛する態度）に照らして不適切」と意見が付いた。検定意見は教科書全体につけられた。もともとは，小学校１年生用の「にちようびのさんぽみち」というパン屋を題材にしたものだった。出版社は意見を受けて修正し，パン屋を和菓子屋に変更した。これが，「パン屋→和菓子屋」に文科省が書き換えの指示をしたという誤解についての記事が報道された（2017年４月１日「産経ニュース」https://www.sankei.com/life/print/170401/lif1704010068-c.html　2019年５月11日閲覧，４月４日『毎日新聞』ほか）。実際に，和菓子屋に書き換えた後，検定に合格したので，あたかも文科省が，パン屋は日本の伝統ではない，と判断したかのような誤解が広まった。この例のように，何が日本の伝統文化であるかの判断は，文化の源流をたどり，それが土着化していく過程を吟味する必要がある。なぜなら，文化は，大なり小なり，他文化と融合しながら現代に継承されているからである。「伝統文化」をどのように捉えるかは，文化の歴史とともに，現代社会に通用する普遍性を同時に注視する必要がある。

③　認められる文化

他方，国や民族に限定されない，人類における普遍的価値を認定する文化を代表するものに，ユネスコが認定する世界文化遺産がある。それは，「顕著な普遍的価値を有する記念物，建築物群，遺跡，文化的景観など」を指す。日本では1993（平成５）年登録の法隆寺や姫路城をはじめ，「長崎と天草地方の潜伏キリシタン関連遺産」「百舌鳥・古市古墳群――古代日本の墳墓群」等，2020（令和２）年現在で19件の文化遺産の登録がある。登録の基準は，「世界遺産条約」の登録基準（10項目）のうち一つ以上に合致し，さらに真実性（authenticity）や完全性（integrity）の条件を満たし，遺産のある国の法律によって，適切な保護管理体制がとられていることが必要とされている。登録基準の項目の中で注目すべき点は，「人間の創造的才能を表す傑作である」「伝統又は文明を伝承する物証として無二の存在」「顕著な普遍的価値を有する」等，他と比べてきわめて価値の高いものと認定されていることである。歴史的に価値があり，たぐいまれな人間の創造物が文化遺産といえよう。このように，委員会などを通じた組織的な審査を経て，文化として認定されるものもある。

④　広がる文化

また,「若者文化」「大衆文化」のように，消費生活と結びついて流行し，社会現象となるようなものも，私たちはしばしば「文化」と呼ぶ。漫画やアニメも，かつては青少年の娯楽にすぎないとみなされていたが，今世紀に入り,「クール・ジャパン」の現象とともに，国際的な文化として認知されている。近年の例では，ニューヨークの近代美術館（The Museum of Modern Art）で，2016年にNTTの携帯電話で用いられる絵文字が“emoji”として収蔵されたことが挙げられる。

そのきっかけの一つは，米国専門誌『フォーリン・ポリシー（Foreign Policy)』に「日本の超国民的クール（Japan's Gross National Cool)」(2002年6月号，Douglas McGray 記者）と題した論文が掲載されたことである。記事によれば，日本では1990年代の不況を乗り越えて，硬直した旧体制に疑問をもち，若い起業家たちを鼓舞する「かっこよさ（cool)」が台頭しているという。例として，ハローキティの電化製品が写真入りで紹介され，伝統の国技である相撲にも，外国人力士が目立ってきていることを挙げている。ただ，日本は文化的に海外に開かれているが，政策や難民支援は別物であると批判している。また，米国ハリウッドでは，宮崎駿監督の『千と千尋の神隠し』(2001）がアカデミー賞の長編アニメ賞を2003年に受賞している。日本政府もこれらの動向に対応している。2004（平成16）年5月にアニメや漫画など日本のコンテンツ産業の保護・育成に取り組むために「コンテンツの創造，保護および活用の促進に関する法律案（コンテンツ振興法)」が成立した。民間では，2005（平成17）年6月に経団連が中心となり，NPO 法人「映像産業振興機構（VIPO)」が設立された。日本の映画，放送番組，アニメ，ゲーム，音楽作品など，日本のコンテンツ産業を国際競争力のあるものとし，さらには，日本経済の活性化に寄与することを目的と謳っている。「クール・ジャパン」は，このように官民あげて日本の輸出産業としてアニメやゲームなどのポップ・カルチャーを発展させる意図をもった「文化政策のスローガン」でもあった。

人々の生活様式は，社会の変化に合わせて変わっていく。同時に新しい文化も生まれてくる。一次的なブームとして消えていくのか，教科書に載るほど，価値あるものとして広まり，成熟・進化していくのか，それはどれだけ多くの人々がその価値を認め，また次世代に残すべきものとして継承の努力をするのかにかかっている。

3　教育の場としての社会

（1）社会と生活——場の多様性

① 様々な学びの場

教育は，幼い子どもの頃では，保護者と子どもの関係の中で行われる。つまり，家庭もしくは家庭に代わる場所が教育の場である。乳幼児期には，保育の場といってよい。それが，家庭から離れて，幼稚園・保育所・こども園などで他の子どもたちと共同生活を送るようになり，さらに学童期になると，小学校，中学校へと進む。そこでは同年代の子どもたちとの共同生活を送るようになり，教育課程に沿って教育活動が行われる。さらに，高校，大学，専門学校等進路に合わせて共同体生活を送り，卒業後，一般の社会で働くようになる。人間の一生の中で，教育の中心的な場所は，家庭，学校をはじめとする共同体といえる。社会生活においても，学びの場は存在する。一般企業での初任者研修，専門職での見習（インターン生，研修生）の期間等がそうである。さらに，図書館やカルチャーセンター等公共の施設を利用して，独自の学びを続けることもできる。ラジオやテレビなどメディアを通じての学習機会もある。さらに，インターネットが普及した今日，ネット社会（情報社会）も新しい教育の場として看過できない。ネットを通じての，教材提供や個人教授等，多くのサービスが提供されている。ホームページでの学校紹介はもちろん，大学の授業もネット配信で視聴可能なサービスもある。

② それぞれの場での人間形成

19世紀の社会学者テンニース（Ferdinand Tönnies，1855～1936）は，人間同士の相互関係としての社会生活を二つに分類した。一つは，家庭や農村，宗教団体などを形成する**ゲマインシャフト**（Gemeinschaft）であり，もう一つは，会社や学術団体，営利団体などの**ゲゼルシャフト**（Gesellschaft）である。前者は，有機的生活であり，本質的に相互に結びついた生命体とみなされ，後者は，個々に分離し，契約や交換条件によって機械的に結びついた形成物とみなされている（テンニエス，1957：34～35）。この分類によれば，学校は，ゲマインシャフトでありながら，ゲゼルシャフトへ移行するための準備をする訓練の場といえるであろう。教師と児童生徒の信頼関係に基づき，様々な学びの機会を通して，実社会で生きていくための能力を身につけていくからである。

また，スイスの教育家**ペスタロッチ**（Johann Heinrich Pestalozzi，1746～1827）は，「生活が人間を形成する」といった。ここでの「生活」は家庭生活を意味する。良い家庭環境は，良い人間を作る。しかし，人間は成長とともに家庭から離れ，集団の中で生活する。デューイは，「協同生活の過程そのものが教育する」と述べた（デューイ，1975a：18）。学校生活を送る中で人間形成が行われるのである。

現代においても，人々は家庭で育ちながら，学校で教師や友人らとも出会い，学習を始めとした様々な経験をする。それが，人間の価値観や能力等様々な面を発達させ，一人の人格を形作っていくのである。

（2）教育というコミュニケーション――対話のために

①　コミュニケーション形式の変化

家庭でも共同体でも，原始社会の頃から，基本的に人間同士のかかわり合いによって教育がなされてきた。当初は，直接顔と顔を向き合わせたコミュニケーションが前提であった。印刷技術が発達し，紙によって印刷された教材を手にすることができるようになると，さらに，書物を通じてのコミュニケーションが教育の場を形成するようになった。書物から多くの知識を得た大人が，自分では知識を獲得するすべをもたない子どもにそれを伝授したのである。20世紀になると，ラジオやテレビが発明され，音と映像で教える内容を伝えることが可能となった。離れた場所でも，それらの機器を通じて教育が可能となった。さらに今日，インターネットで容易に海外のサイトにアクセス可能な時代となった。かつての若者達が，英語を学ぶために，映画館に入り浸り，ハリウッド映画を数多く見てネイティヴの発音に触れ，極東放送（Far East

Network）から流れるヒット曲を聞いて，米国の最新の音楽情報を入手したのは，本格的に衛星放送が開始される1980年代以前のことであった。ラジオやテレビ，映画等，マス・コミュニケーションは，大勢の人に同時に同じ印象を与え，同一の感情や同一の行動への意識を呼び起こすことを目的としている。人間同士が直接顔を合わさず，触れ合うことのない環境は，現代の人間の思考や態度に大きな影響を与えている。プラスの影響であれば，教育の媒介になるが，客観的な事実がゆがめられて伝達されるなど，マイナスの影響を与える危険性もある。

②　コミュニケーションの土台のゆらぎ

今日，「ポスト真実（'Post-truth'）」の時代に突入したといわれている。BBCニュース（2016年11月16日）は，2016年のオックスフォード事典による「今年の言葉」に選考されたこの言葉は，「世論を形成する際に，客観的な事実よりも個人の感情や信条へのアピールの方がより影響力がある状況」であると報道している（https://www.bbc.co.uk/news/uk-37995600　2018年9月2日閲覧）。また，CG（コンピュータ・グラフィックス）などによる「仮想現実（virtual reality）」の技術も様々な分野で活用されている。他方，新聞報道の情報を都合よく解釈し，自分に不都合なものは，「偽ニュース（fake news）」として批判するような現象が蔓延している。何が客観的に真実なのか，保証することが難しくなっている。さらに，真実かどうかは，もはや重要ではなくなり，自分にとって良ければ，それが真実である，という態度は，多様な立場の人々とのコミュニケーションの土台を崩しはじめている。今日，アメリカを中心に蔓延する「反知性主義（Anti-intellectualism）」は，かつて，エリートや知的権威の立場を批判するものであった。それは，けっして知性そのものへの反感ではなく，「知性が世襲的な特権階級だけの独占的な所有物になることへの反感である」と指摘されている。アメリカは，誰に対しても平等な国であり，平等にスタート地点に立つことができればよい，と考えることが反知性主義の原点である。知性は，自己省察を伴い，振り返りを絶えず行う人間独自の能力である。これは，他人の批判を受け容れ，自分の行動を修正する行為によって，常に自己を改善していく態度でもある。しかし，不平等に対する不満が，一方的に自分の主張を正当化することに偏ってしまうならば，他人の話に耳を傾け，理性的に判断を下すことができない。これは，コミュニケーションの基本や対話の成立の前提が崩れた状態である。自己中心的で，他者のことを考えない態度は，人間の理性的特徴を放棄した態度である。そこには，対話が成立せず，一方的な自己主張のみがある。それでは，教育の場を成立させることはできない。

③　人間関係の基本的条件

教育の場は，コミュニケーションの場である。子どもと大人，子ども同士，大人同士に対話が成立するためには，相手の立場を尊重し，人格を認め合うことが不可欠である。それは，家庭だけでなく，学校や社会における人間関係の基本的条件である。教育は，この条件が成り立った場所で行われる。デューイは，社会が伝達（transmission）や通信（communication）の中に存在すると述べている（デューイ，1975a：15）。そこでは伝達し合う者同士の「共通理解」の形成を目指している。人格を認め合う者同士の関係が成立する場，それが社会生活である。彼が「生活そのものが教育する」と述べた真意は，まさにここにあるといえる。

日本社会は，自己主張よりも，むしろ相手の気持ちを察しながら互いに協調し合う特徴がある。家庭で幼い頃から「他人に迷惑をかけない」ようにしつけられ，学校生活では，「出る杭は打たれる」ため，教室では周りの雰囲気に敏感に反応しつつ，「普通」でいることを心掛けたりする。同調圧力（peer pressure）が強い学級集団では，少し他の人と違うことが，いじめの契機となることがある。日頃のストレスを発散させるために，周りと違った，特徴のある生徒をターゲットにしていじめる。確かに，共同体は教育の場でもあるが，逆に，このような状態に陥ると，教育を崩壊させ，ゆがめる場となる危険もはらんでいる。全員が一人を無視したり，匿名で中傷のメールを送ったりすることは，コミュニケーションのゆがんだ形態において行われる。そこでは，1対多数の関係であり，さらに対話が成立せず，他に情報を伝えて助けを求めることが難しい閉じた人間関係が存在する。学校において，非教育的な人間関係が頻繁に生じている問題を解決するために，開かれた人間関係の構築に努めなければならない。

学習課題

① 「人間とは何か」，あなたの考えをまとめてみよう。

② 今後の社会で，コミュニケーションはどのように変化していくだろうか。また，変化に応じて，生ずる問題や克服すべき課題があるとするならば，どんなものだろうか考えてみよう。

引用・参考文献

東浩紀編『日本的想像力の未来――クール・ジャパノロジーの可能性』NHK 出版，2010年。

アシモフ，I.『われはロボット』小尾芙佐訳，早川書房，2004年。

磯山雅『J.S. バッハ』講談社，1990年。

甲斐進一『ブラメルド教育哲学の研究』名古屋大学出版会，1984年。

加藤浩子・若月伸一『バッハへの旅』東京書籍，2006年。

カント，I.『実践理性批判』波多野精一・宮本和吉訳，岩波書店，1974年。

クラックホーン，C.『文化人類学の世界』外山滋比古ほか訳，岩波書店，1971年。

クリーク，E.『全体主義教育原理』野田巖訳，栗田書店，1943年。

小林雅一『AI の衝撃――人口知能は人類の敵か』講談社，2015年。

三田一郎『科学者はなぜ神を信じるのか』講談社，2018年。

シュプランガー，E.『文化と性格の諸類型２』伊勢田耀子訳，明治図書，1961年。

杉山知之『クール・ジャパン――世界が買いたがる日本』祥伝社，2009年。

タイラー，E.『文化人類学入門』大社淑子ほか訳，太陽社，1973年。

田浦武雄『改訂版　教育学概論』放送大学教育振興会，1990年。

テンニエス，F.『ゲマインシャフトとゲゼルシャフト（上）』杉之原寿一訳，岩波書店，1957年。

デューイ，J.『民主主義と教育（上）』松野安男訳，岩波書店，1975年a。

デューイ，J.『民主主義と教育（下）』松野安男訳，岩波書店，1975年b。

ペスタロッチ，J.H.『ペスタロッチ全集　第10巻』長田新編訳，平凡社，1960年。

森本あんり『反知性主義――アメリカが生んだ「熱病」の正体』新潮社，2015年。

レヴィ＝ストロース，C.『悲しき熱帯（下）』川田順造訳，中央公論社，1977年。

第3章

子どもと家庭

教育の主体は子どもである。子どもとはどのように保護・養育されてきたのだろうか。また，教育の場である家庭はこれまでどのような場であったのだろうか。本章では，まず，子どもという人間が，かつてどのように理解されてきたのかを振り返り，さらに子どもの権利について説明する。時代が進むにつれ，社会が変化するとともに，家庭の在り方にも変化が生じている。今日における多様な家族の形態とともに，縮小傾向にある家族と今日の家庭の在り方についても説明し，家庭における親の役割にも様々な変化と支援が求められていることを指摘する。

1　子どもとは何か

（1）子どもの思想――独自の存在としての認識

私たちは，主にある一定期間の成長過程にある人間を「子ども」と呼んでいる。この子どもという人間の在り方は，近代において登場した比較的新しい見方である。フランスの歴史学者**アリエス**（Philippe Ariès, 1914～1984）は，著書『〈子供〉の誕生』（1960）において，中世には「子ども期」は存在しなかったと言及している。それまでの子どもは，「大人の縮小版」にすぎず，子どもとしての独自の人間の在り方を尊重する思想はなかったという。18世紀になり，ルソーが，著書『エミール』（1762）において「万物をつくる者の手をはなれるときすべてはよいものであるが，人間の手にうつるとすべてが悪くなる」（ルソー，1962：23）と言及し，人間の自然のままの本性に積極的な価値を見出した。彼は，子どもとしての人間の在り方の意義を初めて著した。さらに，子どもの内面に神性を見出し，遊びを通して成長・発展させ，世界最初の幼稚園

(1840年，ブランケンブルク市庁舎の「一般ドイツ幼稚園」）を創設したのが**フレーベル**（Friedrich Wilhelm August Fröbel, 1782～1852）である。また，スウェーデンの批評家**ケイ**（Ellen Key, 1849～1926）は，20世紀は「児童の世紀」になると考えた。それは，「大人が子どもの心を理解すること」「子どもの心の単純性が大人によって維持されること」の二つが成立してはじめて社会が新しくなることを意味した（ケイ，1979：202)。

日本において，子どもの立場に立って教育を考えた最初の試みは，大正自由教育運動である。近代国家建設に邁進していた19世紀の日本は，強い国家・国民の形成が至上命令であった。20世紀になって，子どもを労働力としてではなく，独自の存在として見直す発想が，西洋思想の伝達とともに日本の教育関係者にも徐々に浸透していった。子ども向けの文学や童謡を雑誌『赤い鳥』発刊によって全国に広めた鈴木三重吉や，子ども自身が日常生活を自由に描くことを推奨した生活綴り方運動，個性を尊重し，科学的な探究を重視した成城小学校等，1920～30年代を中心に子どもを中心に教育を考える「**児童中心主義**」の立場は，一時期盛り上がりをみせた。

1930年代半ば以降は，児童中心主義は国体思想の前に抑圧されていった。教育勅語を原理とした教育において，子どもは天皇の家族，臣民として「お国のために」働くことを要請された。戦後，1947（昭和22）年の「教育基本法」成立によって，個人の人格の完成を目指すことが教育目的となった。子どもは，一人の人格をもった存在として位置づけられたのである。1989年，国連総会において，「児童の権利に関する条約」が採択され，1994（平成6）年に日本も批准した。これによって，子どもは「固有の存在」として保護される権利があり，また子どもにとって「最善の利益」が与えられるよう努めることが謳われた。

（2）子どもの権利――保護され，教育を必要とする存在

先述の児童の権利に関する条約の成立には，第一次世界大戦後の1924年に国際連盟採択された「子供の権利に関するジュネーヴ宣言」の精神が生かされている。そこには次のような条文が記されている（中野・小笠，1996：5～6)。

1．子どもはその正常な発達のために物心両面にわたる必要な手段を与えられなければならない。
2．飢えた子どもには食べ物が与えられなければならないし，病気の子どもは看護されなければならない。遅れた子供は援助されなければならないし，過ちをおかした子どもは矯正されなければならない。そして，孤児や浮浪児は住まいを与えられ，援助されなければならない。
3．子どもは応急の際には，真っ先に援助されなければならない。
4．子どもは自立的な生活ができるような立場に導かれ，かつ，あらゆる形態の搾取からも保護されなければならない。
5．子どもはその才能がひろく人類同胞のためにささげられるべきであるとの自覚のもとに育てられなければならない。

このジュネーヴ宣言の精神は，第二次世界大戦後に成立した「世界人権宣言」（1948年12月10日），また「児童の権利に関する宣言」（1959年11月20日）などの成立につながっていった。

この精神において，子どもが未熟な人間，大人の「縮小版」である，という考え方はなく，保護され，教育を必要とする存在であることを再認識させるものとなった。言い換えれば，人間本来がもっている権利をあらためて確認させるものである。カントの「人間は唯一教育されなければならない被造物である」という言葉が，時代を超えて，形を変えて実現されたといえよう。

（3）子どもと大人

①　子どもの定義

ある一定期間の成長過程にある人間としての子どもは，一体いつから大人になるのか。「児童の権利に関する条約」の第１条では，18歳未満の人間は子どもである，と規定されている（ただし，各国の法律により，18歳より早く成年に達したものを除く，という断り書きがある）。すなわち，18歳からは，原則として大人であるといえる。日本では2015（平成27）年に「公職選挙法」が改正され，投票可能な年齢が20歳以上から18歳以上に引き下げられた。つまり，高校生であっても，18歳になれば投票権が与えられ，政治にかかわる権利を有することとなった。また「少年法」の改正により，14歳からは刑事責任が問われるようになった。ちなみに，14歳以上は「犯罪少年」として，家庭裁判所の審判次第で，検察官に送られ，起訴されることが多い。ただし，国際法である児童の権利に関する条約（第37条）において，18歳未満の死刑は禁じられている。他方，アルコールやたばこは，健康上の理由から20歳未満は禁止である。このように，様々な法律に応じて，子どもと大人の線引きは一様ではない。

人間が社会的存在であることから，何年間生きていれば，どの程度心身が成長，発達するかの目安が，社会の中で共有される。それによって，年長者の保護が必要な段階と，「一人前」とみなされ，自立・自律した生活が可能である年齢とが設定され，それが法制化される。この発達の「目安」が，子どもと大人の境目であり，それは，生物学的・社会学的な知見を踏まえ，様々な分野で理論化されてきた。

②　身体的能力の発達

周知の通り，子どもは，大人と比べて著しい成長や発達があることが特徴である。人（ヒト）は，他の哺乳類と異なり，通常より１年早くこの世に生まれるため，未熟であり，周りの大人の多くの保護が必要とされる，といわれている。スイスの動物学者ポルトマンはこれを「生理的早産」と呼んでいる（ポルトマン，1961：60～61）。人は歩くことができ，言葉を発することができるまでに約１年かかる。馬や牛が生まれてすぐ立ち上がる姿と比べると，人の発達にいかに時間がかかるかがわかる。人は，大人のかかわりを通して，様々な学びの機会を経験し，「人間」として成長していくのである。

③　知的能力の発達

また，スイスの心理学者**ピアジェ**（Jean Piaget，1896～1980）は，人間の知的能力の発達に着目し，四つの段階があると考えた。０～２歳は，まだ頭の中でイメージができず，感覚に頼って自分以外の対象を認知する感覚運動的活動の段階である。そこから，イメージが徐々に作られ，自分でそれを選択できる水準に達する。ごっこ遊びなど，何か置き換えられたものを使って遊ぶ象徴機能が発達する。ただ，自分からの視点でしか対象をみることができず，相手の立場を考えることができない。これが前操作的活動の段階である（２～７歳）。そ

表3－1　エリクソンの発達段階

発達段階	発達課題	内容
Ⅰ	基本的信頼	母の姿を通して自分の世界を信頼できる
Ⅱ	自律	自分の意志を親の意志と対立させ，錬磨する
Ⅲ	自発性	行動と認知の能力で新たな目標を見出す
Ⅳ	勤勉性	基本的原則や技術を学ぶ
Ⅴ	アイデンティティ	幼少期に獲得した役割・技術を職業的規範と結びつける
Ⅵ	親密さ	他人の中に自己のアイデンティティを見出す
Ⅶ	生殖性	社会の中で自分の場所を確認し，家庭に責任をもつ
Ⅷ	自我の統合	全人類に共通する普遍的同一性をもつ

出所：エリクソン（1973）を参考に筆者が作成。

の後，具体的な事物のイメージや数を使って筋道を立てて考え，さらに他人の視点も含めることができるようになると，具体的操作の段階となる（7～11，12歳）。さらに，抽象的な概念を思考でき，推察や仮定的な考えも可能な形式的操作の段階にまで発展する（11，12歳～）。

④　社会的存在としての子ども

生き物としての人が社会的存在としての人間になっていく過程で重要なことは，自分を見つめ，自分らしさを自覚することである。それは，ドイツの精神分析学者**エリクソン**（Erik Homburger Erikson，1902～1994）によれば，**アイデンティティ**の確立と呼ばれている。彼は，ピアジェの子どもの知能の発達過程よりも幅の広い発達理論を考えた。人間が生まれてから死ぬまでの時期を八つの発達段階に区分し，それぞれの段階に乗り越えねばならない課題があると考えた。先のアイデンティティの確立は，8段階のうちの5番目である。参考までに，各発達段階と発達課題を表3－1にまとめておく。

しかし，実際に人間の発達は，この表のように段階が明確に区分されているわけではない。ベロルシア（現：ベラルーシ）生まれの心理学者・教育学者**ヴィゴツキー**（Lev Semenovich Vygotskii，1896～1934）は，「少し難しいけれどもやってみたい」と思える二つの領域の間（「発達の最近接領域」）に注目した（ヴィゴツキー，1975：80）。自分一人で解決可能な領域と，大人の援助を通して可能となる領域の見極めが重要となる。この領域に働きかけることが，個人の発達を促すことにつながる。

これらのように，子どもの発達を理論化するモデルだけで，子どもの成長・発達を理解することは不十分である。人間の成長には，発達のように，連続的側面と挫折，出会い等，偶然的要因による非連続的側面がある。前者は，計画的，意図的であり，後者は偶然的，無意図的な性格をもつ。ドイツの教育学者，**ボルノウ**（Otto Friedrich Bollnow，1903～1991）は，特に非連続的側面もまた，人格形成に大きな影響を与えることを論じた。

2　家庭とは何か

（1）家族と家庭——社会から区分される家族

アリエスが，17世紀に子どもを「発見」した背景には，子どもと大人の生活における時間と空間の区別が生じたことがある。これは，子どもが学校に行くことによって，大人と子どもの生活の中に「境界」が生じたことを意味する。さらに子どもと家族の関係が，近代以前より明確になり，家族以外の多くの大人たちが子どもの「社会化」（第1章参照）に寄与することが困難となった。家族社会学者の渡辺秀樹は，このような関係を，次のように説明した。近代以前は，親子関係の外側から親族ネットワークや地域コミュニティが，子どもの社会化に影響を与えていた。しかし，近代以降になると，外側からの働きかけから，家族が境界によって閉じられる関係を形成したという（渡辺，1999：2～3）。

それまでは，子どもと親によって構成されていた家族とそれ以外の社会との境界は，曖昧であり，子どもが，多くの大人によって保護・養育の機能を受けるマルティプル・ペアレンティングの状況にあった。しかし，近代以降は，その機能の担い手は，もっぱら家族，特に母親に集中していった。

本来，家族の基本には，人格的関係が成立している。しかし，これが崩壊し，児童虐待につながる深刻な事態も報告されている。たとえば，親が育児を放棄し，子どもだけが社会から隔離された状態である。家族社会学者の庄司洋子は，そうした事例について「住居そのものが，その匿名性と密室性において，まさに巨大なコインロッカーになっている」と言及した（庄司，1988：16）。親は子どもを住居に放置し，生活に必要なものをコンビニエンス・ストアで購入するための送金を子どもにしていたという。庄司は，社会から隔離された家族を「コインロッカー家族」と呼んだ。それは，一旦，ドアに鍵がかけられると，家の中に何があり，何が起こっているのか外から見ることができない。また，人格的関係が消滅し，経済的関係のみで形成される「消費家族」としての特徴をもつ。都市のもつ，流動性と匿名性，利便性がこのような異常な「家族」を生み出してしまったといえる。

（2）　家族という集団

① 家族の発展と定義

家族という集団が意味するものは何なのであろうか。人類は野蛮から未開へ，未開から文明へと進化したといわれている（第2章参照)。それに対応して，家族の形態も，野蛮（狩猟採集）時代の群婚から，未開（牧畜・農耕）時代の対偶婚，さらに文明（工業・芸術）時代の家父長制単婚家族へと変化した（木下ほか，2008：17)。さらに，家族という人間の集まりは，その周りの社会の変化によって，影響を受け，構成員の数や親の役割等がその都度変化するものである。

家族社会学の専門家，森岡清美によると，家族とは，「夫婦・親子・きょうだいなど少数の近親者を主要な成員とし，成員相互の深い感情的かかわりあいで結ばれた，幸福（well-being）追求の集団」（森岡ほか，1997：4）であるという。今日，親族（「民法」第4編第1章第725条）および婚姻を禁止する近親者の規定（「民法」第4編第1章第734・735条）はあるが，家族そのものを定義づけるものはない。1871（明治4）年に，戸籍制度が作られ，戸籍に記された構成員が国家の基礎単位として位置づけられた。それによって，すべての国民は，戸主（家長）を中心に，その続柄において表示され，戸籍の中に組み込まれたのである。また，戸主は家族の長であるが，当時，国民の長は，「国民の父」である天皇であった。日本では，従来からの伝統的な「イエ」意識の下，個人は「イエ」の中に埋没していったのである。「家族」としての「イエ」は，祖先が精神的に自分を支える存在であるという観念を世代ごとに継続していったのである。

「イエ」が戸籍制度によって規定される一方，「イエ」から独立した生計を営む「家族」が成立していったことは興味深い。その理由は，幸福を追求する感情的つながりのある成員が家族として成立しうるからである。ただ，家族の特性として，以下の2点は看過できない。

その第一は，嫡出性である。この場合の家族は，夫婦と子どもによって構成される。そこにおける子どもは，正当な夫婦関係（性関係）から生まれてきたかどうかが問題とされる。第二は，近親相姦忌避（incest taboo）である。両親を除いた家族内のすべての異性間に対し，このタブーが適用されている。

また，家族には，直系家族制（stem family system）と夫婦家族制（conjugal family system）という大きく二つの類型がある。直系家族制は，祖父母・父母・子など，世代的につながりながら家族を形成していくことである。伝統的家制度が典型例である。夫婦家族制は，夫婦の結婚により形成され，死亡によって消滅する一代限りの家族である。

② 家族の在り方の変化

農林水産業など生産を中心とした時代から，製造業などを中心とした社会の構造的変革とともに，家族の在り方も変化していった。1910年代にはじめて「世帯」（当初は所帯）という消費生活の単位が登場した。この頃から，家族は生産する単位から消費する単位へと位置づけを変えていったのである。そして，1920年代には，直系家族制のように伝統的な家族としての「イエ」の機能が弱まっていたといわれている。

近年の家族類型別一般世帯割合の推移（図3-1）をみると，「夫婦と子ども」の世帯率は，1995（平成7）年では34.2%であったが，2015（平成27）年では26.9%となり，一貫して減少傾向にある。また，伝統的家族の類型（その他の世帯）は，同期間では，15.9%から9.5%へと急激に減少している。それらに対して，夫婦のみの世帯率は，17.3%から20.1%に増加し，単独世帯は，25.6%から34.6%にまで増えている。つまり，今日の家族構成は，3世代同居型は減少し，子どものいない夫婦のみと単独世帯を合わせると，全世帯の半分を超えている（54.7%）のである（総務省「国勢調査」図3-1出所より）。

③ 家族と家庭

ところで，家族と家庭は，けっして同義ではない。家庭教育の専門家小山静

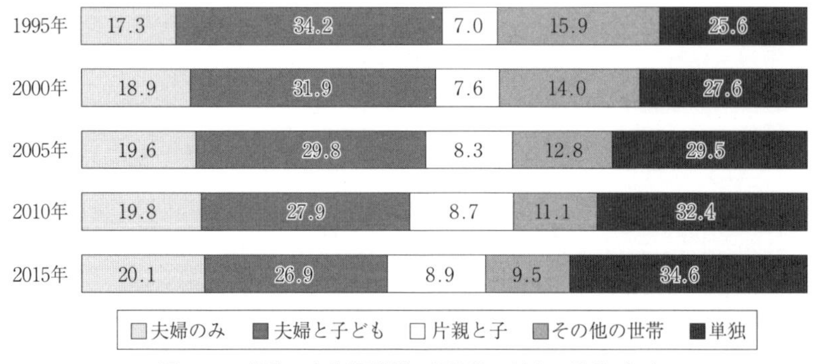

図3－1　世帯の家族類型別一般世帯の割合の推移（%）

出所：総務省統計局，国勢調査（平成7年，平成12年，平成17年，平成22年，平成27年）。

子によれば，「家庭」は，1880年代後半から，新しい家族の在り方を示すものとして，メディアに登場し，急速に普及していったという（小山，2013：500）。それでは，この「新しい家族」とは，一体どんなものなのであろうか。

この新しい家族とは，「男は仕事，女は家事・育児」というような性別役割分業が行われる家族であり，私的領域・女性領域と考えられていた家族であったという。19世紀末には，このような家族の実態はなかったが，メディアの宣伝によって普及され，第一次世界大戦後の産業構造の変化により，都市部を中心に，新中間層（ホワイトカラー，俸給所得者等）が登場する。この層によって形成された家庭が，「近代家族」と呼ばれた。社会学者の保坂恵美子によれば，この家族は，高度成長期において，都市部への人口集中，雇用者家族の増加，見合い結婚から恋愛結婚へ，性別役割分業，女性の主婦化といった変化に対応する，従来の家族像とは異なる都市型社会に適合する家族である。子どもの誕生により，夫婦と子ども世帯となり，子どもの独立後は，老夫婦のみ，配偶者の死別後は一人暮らしとなりその後消滅する，一世代限りの家族周期をもつという（木下ほか，2008：22）。

（3）家庭教育――「よりよい」家庭と母親の役割

家庭は，都市型社会の中間層世帯として，19世紀末から20世紀にかけて生まれた新しい家族の在り方であった。一見，家庭は，個人の自由意志によって形成されるものと考えられる。しかし，第二次世界大戦後，本来私的な領域である「家庭を作る」ことに対し，政府は積極的に関与した。1952（昭和27）年5月に「優生保護法」が改正され，受胎調節実施指導員制度が導入された。それに伴い，厚生省（当時）は，受胎調節普及運動実施要綱を作成し，積極的な広報活動を展開した。それは家族計画の奨励であり，具体的には「受胎調節」であった。

さらに，1968（昭和43）年に，家庭生活問題審議会の答申「あすの家庭生活のために」が出された。そこでは，家庭教育の重要性が強調された。また，1966（昭和41）年の中央教育審議会答申「後期中等教育の拡充整備について」において，第二部の「日本人にとくに期待されるもの」の中に，「第2章　家庭人として」が設けられた。そこでは(1)家庭を愛の場とすること，(2)家庭をいこいの場とすること，(3)家庭を教育の場とすること，(4)開かれた家庭とすること，の項目でそれぞれ家庭のあるべき姿が記述されている。例えば(1)家庭を愛の場とすることでは「家庭は愛の場である。われわれは愛の場としての家庭の意義を実現しなければならない」と謳われている。これらが示すように，1960年代は，政府が子どもや家庭に対して，私的な領域にもかかわらず，様々な働きかけを行っていた。

1963（昭和38）年に，厚生省（当時）は，『児童福祉白書』を公表し，児童が危機的段階に置かれていることを警告した。文部省（当時）も，教育専門研究会を設置し，1964（昭和39）年に『子どもの成長と家庭』を刊行している。これらの動きは，「人口の資質向上」を目指し，そのためには，「よりよい」家庭を作ることに政府が大きな関心をもっていたことを示している。

今世紀にはいり，**ワーク・ライフ・バランス**（仕事と家庭の両立）の観点から，家庭の基本は，夫婦のパートナーシップであるとの考え方が提唱されている。しかし，実際には片方の親（特に母親）への過度な負担が問題視されている。130年近く前の1890年代には，すでに家庭教育における母親の役割が重視されていた。家庭教育の特徴の第一が，母親が家庭での子どもの教育の担い手であることであり，そのためにも女性が学校教育を受けておくことが不可欠であった。女性に教育が必要であることは，女性の自己実現が目的というよりは，むしろ家庭教育の役割が最初にあったといえよう。さらに，この「家庭教育」という言葉は，学校教育の対となる概念であった（小山，2013：503）。

（4）家庭の変化——家庭の教育力の低下

一般的に子どもの教育は，家庭から始まる。家庭の教育力とは，具体的には基本的な生活習慣を身につけさせ，社会的なマナーを身につけさせる，いわば躾を意味していた。100年以上前から，都市に人口が集まり始め，それに伴って核家族化が進行し，戦後の高度経済成長期を境に，男女の性役割分担が固定化してきた。子育ては，半ば女性の仕事となり，子どもの教育の負担は一人の母親の肩に大きくのしかかったのである。1970年代からは，受験戦争と呼ばれ，子どもは，学力を競う社会に放り込まれた。それまでは，子どもに家庭の仕事をまかせる習慣があったが，家の手伝いをするより，勉強をすることが優先された。このような時代を経て大人になった親たちは，自分が子育てをする段階になった時，家事育児の技術の乏しさに大きなストレスを抱えるようになった。家庭の教育力の低下は，個々の家庭の問題というよりは，このような大きな社会構造の変化に連動した現象と考えられる。

（5）今日の家庭教育

①　高度情報化社会と家族

21世紀の高度情報化社会になると，家族がこれまで果たしてきた教育的機能に大きな変化が生じ始めた。従来，家族は，親のもつ価値観，技術，知識，習慣などを子どもに伝達してきた。それまで主に親を通じて習得されてきた様々な情報を，子どもが直接インターネットを通じて入手することが可能となったのである。家族は，適切な情報を取捨選択する「ゲートキーパー」の役割をもっていたのだが，その役割が今日なくなりつつある。外部と家族の間に，明確な境界があった時代から，急速に変化し，子どもが無防備なまま，外部のネット社会に放り出される危険が生まれている。家庭の中での「ネットモラル」の育成が不可欠であると同時に，親はネット社会の情報を適切に調整するコーディネーターの役割をもつことが求められている。

他方，ネット社会は，隔離された家族の在り方を，外側の社会に開く可能性をもっている。親が子どもを有害情報やトラブルから守ることは，当然である。同時に，新たなメディアは，開かれた社会，民主的な社会の実現のために，人間的連帯を形成する手段であるともいえる。これは，渡辺が指摘する「ネットワークする家族」の在り方を模索する契機でもある。家族の周りには，教育や福祉，文化にかかわる大人たち，という人的資源がある。これらを多元的に利用し，子どもの主体的な意思決定能力を育む機会と考えることもできる。キャンプやボランティア活動などを通じて，家族の外にある「資源」をコーディネートすることが望ましい。

② 子育て観の変化と求められる支援

家族の教育的機能は，かつては母親中心に想定されていた時代があった。しかし，今日，親自身の自己実現としての子育て，という視点が重要である。日々の労働だけではなく，子どもにかかわりながら，自分の人生の意味を充実させること，母親，父親であるということは，子どもに対する養育の義務や社会的責任をもつことだけではなく，同時に権利でもある。他方，子育て支援の試みが，今日，自治体等を通して実施されている。保育施設や相談窓口の拡充等，様々な策が講じられているが，基本的に家庭の教育力の回復がカギとなる。その意味で仕事と生活の調和が重要である。

どんなに時代が変わり，家庭の形態が多様化しても，子どもが成長していくために必要な事柄は，大きく変わることはない。それは，基本的生活習慣の確立であり，基本的な社会規範を身につけることであり，何より人を信頼する心である。そのためには，家庭が子どもにとって安全であり，安心できる環境であることが不可欠である。近年，児童虐待の相談件数が伸びている（1998年度6932件→2009年度4万4211件→2018年度15万9850件）。この数字は，子どもの成長する場が危機的状況にあることを示しているといえよう。

他方，日本社会において，働く女性の数は増加傾向にある。「平成29年就業構造基本調査結果」（総務省，2018年7月）によれば，育児をしている女性の就業状態は，全国平均で2012（平成24）年と比較し，2017（平成29）年では，11.9ポイント上昇している。その背景には，共働きでなければ，子どもの教育費の確保が困難であり，経済的に立ち行かない家庭が増えていることもある。日本が教育にかける公的支出の割合は，GDP（国民総生産）比において，OECD 加盟の比較可能な35か国中では最低ランクである。[(1)] 待機児童ゼロを掲げる自治体の努力にもかかわらず，保育所の空きがなく，働きたくとも働けない女性の不満は大きい。[(2)] このような社会的状況は，教育の観点から，子どもが安心して成長する環境の悪化を意味し，家庭から学校へ教育の負担が転嫁され，ひいては社会に貢献する人材育成の弱体化につながる深刻な事態といえる。

収入が高く，子育てや教育に十分お金をかけることができる世帯とそうでない世帯では，学力に差が出ているとの研究結果が2000年代初頭に公にされた。経済的・文化的格差の増大は，教育格差をもたらし，学力格差につながる。2014（平成26）年３月に，お茶の水女子大学の研究グループ（耳塚寛明・浜野隆）は，前年の全国学力・学習状況調査の分析結果から，親の年収や学歴（「社会経済的背景（SES：Socio-Economic Status）」のスコア）が高い家庭の子どもは，学力が高い傾向があるという報告書を公にした（お茶の水女子大学，2015）。小・中学校ともに，テストの問題形式（選択式，短答式，記述式）を問わず，すべて SES のスコアが高い保護者の子どもほど正答率も高くなる傾向がみられたという。低収入・低学歴の親の子どもが高収入・高学歴となる機会が奪われてしまう可能性が高くなることが予想される。公教育の使命は，まさにここにある。

---

(1)　2019年財務省の報告によると，OECD 加盟国の公財政教育支出 GDP 比の2016年平均は4.4%，日本は3.1%でルクセンブルク，チェコと並び最下位。

(2)　2016年２月15日付で匿名ブログに掲載された「保育園落ちた日本死ね」は，同年ユーキャン新語・流行語大賞トップ10に選出された。

学習課題　①　子どもと大人の違いは，どこにあると思うか考えてみよう。
②　ネット社会において，家族は今後どのように変化していくだろうか。

引用・参考文献

アリエス，P.『〈子供〉の誕生』杉山光信・杉山恵美子訳，みすず書房，1980年。
ヴィゴツキー，L.S.『子供の知的発達と教授』柴田義松・森岡修一訳，明治図書，1975年。
エリクソン，E.H.『「自我同一性」アイデンティティとライフサイクル　新装版』小此木啓吾ほか訳，誠信書房，1973年。
荻野美穂ほか『性と生殖の人権問題資料集成　第12巻　産児調節運動編（編集復刻版）』不二出版，2000年。
片倉比佐子編『家族観の変遷』吉川弘文館，2002年。
家庭生活問題審議会編『あすの家庭生活のために――家庭生活問題審議会答申』総理府，1968年。
カント，I.『人間学・教育学』三井善止訳，玉川大学出版，1986年。
木下謙治・保坂恵美子・園井ゆり編著『家族社会学――基礎と応用』九州大学出版会，2008年。
お茶の水女子大学「平成26年度　学力調査を活用した専門的な課題分析に関する調査研究」2015年。
ケイ，E.『児童の世紀』小野寺信ほか訳，冨山房，1979年
小山静子編著『子ども・家族と教育』日本図書センター，2013年。
庄司洋子「現代家族の福祉ニーズ――閉塞と虚構に生きた非婚母子の事例をとおして」『ジュリスト』923，1988年，12～20頁。
田浦武雄『改訂版　教育学概論』放送大学教育振興会，1990年。
中野光・小笠毅編著『ハンドブック　子どもの権利条約』岩波書店，1996年。
藤見純子・西野理子編『現代日本人の家族――NFRJ からみたその姿』有斐閣，2009年。
フレーベル，F.W.A.『人間の教育（上）』荒井武訳，岩波書店，1964年。
ポルトマン，A.『人間はどこまで動物か――新しい人間像のために』高木正孝訳，岩波書店，1961年。
ボルノウ，O.F.『実存哲学と教育学』峰島旭雄訳，理想社，1966年。
ピアジェ，J.『知能の誕生』谷村覚・浜田寿美男訳，ミネルヴァ書房，1978年。
森岡清美・望月嵩『新しい家族社会学（四訂版）』培風館，1997年。
ルソー，J.J.『エミール（上）』今野一雄訳，岩波書店，1962年。
渡辺秀樹編『変容する家族と子ども――家族は子どもにとっての資源か』教育出版，1999年。

第Ⅱ部

教育の歴史

第4章

古代から中世にかけての教育

社会の諸現象を学問的に探究する際には様々な手段が考えられ，教育現象も同様である。そのような探究精神は先代の学者たちの学的蓄積によって支えられている。本章では西洋教育の理念と歴史を古代ギリシア時代から説明し，原理的な話題や教育的話題を交えながら，いくつかの項目について紹介する。

1　教育用語の確認と教育的教え

（1）語源的説明

教育という熟語の出典については，孟子（BC372頃～BC289頃）の尽心編「三楽の章」にある。「三楽の章」とは君子の三つの楽しみを述べたもので，一つ目の楽しみは家族上の楽しみである。二つ目の楽しみは道徳・宗教上の楽しみで，三つ目の楽しみが職業上，特に教育上の楽しみを表している。ここに「教育」という文字の出典がみられる（内野，1979：457。英語の education の語源については第1章参照）。

①　学校の語源

学校は庠序（しょうじょ）ともいわれていた。古代エジプトでは書記が王に次ぐ知識人，政治家であった。また様々な資料から，パピルスの作製方法や，怠けた学生が忠告を受ける様子などを知ることができる。

私の聴くところによると，お前は書くことを怠けて遊んでばかりいるそうだ。お前は町から町へ，酒のにおいがあるところをさまよい歩いているというが，酒はお前を破滅に向かわせる。……お前は女たちに取り巻かれ，

首には花の輪を巻き，腹づつみをうっているという。お前は悪にまみれているのだ。（矢島，1974：207）

古代ギリシアにおいては，学問の発生が効用を目的とする場合よりも楽しみの故に追求する場合の方がいっそう知恵あるものとして評価されていた。エジプト周辺では司祭階級の間で有閑な生活が可能であったために，数学的技術が発生したと述べられている（アリストテレス，1975：24～25）。この有閑（スコレー）が学校（スクール）の起源であることは有名な話である。

②　子どもの語源

infant（英）は幼児と訳されるが，この語は infans（羅）に由来し speechless（英）という意味をもっており，話すことができない状況を意味する。child（英）は13世紀頃において brethren（信徒，仲間）の類推で -en が付加されたという（松田，1984：381，1120～1121）。

アリエスは，代表作『〈子供〉の誕生』（1960）において，子どもの誕生を近代以降に求め提起し，以来多くの反響を及ぼした。近代以前の子どもは，いわば小さな大人であったというのである。確かに，近代的な教育施設やそれに付随した概念装置が考えられ始めた近代よりも以前においては，子どもはどこにも所属することなく教育的見地からも軽視されていたという見方がある。同様のことがショルシュにおいても「家族と家庭は，今日知られているように17世紀まで十分には存在していなかった」（Schorsch，1985：12）と述べられている。

フランドルの画家ブリューゲル（Pieter Bruegel，1525頃～1569）の描く作品には宗教画，農民画，風刺画など様々なジャンルのものがあるが，子どもを描いた絵画がいくつかある。彼の「子供の遊び」（1560）は，まちの一角で250人あまりの子どもが，90種ほどの遊びをしている様子を描き出している（岡部，2012：57～59）。それ以外にも，1565年の「狩人の帰還」では，丘の下に広がって遠景に見える氷の張った湖（川）において大人も子どももスケートを楽しんでいる様子がうかがえる。

③　教師の語源

古代ギリシア語では教師のことを**ディダスカロス**（教える者），マテーマティコス（数学者）といい，学ぶ者（生徒・学生）をマテーテース，学ぶ内容のことをマテーマタ，学ぶことをマテーシスという。ディダスコーは教えるという意味の動詞である。人類最初の職業的教師の**ソフィスト**は，元は知者を意味したが，職業的教師とされ，世俗的知識を広めることに貢献した。

倫理学者の和辻哲郎（1889～1960）は，著作『孔子』（1938）の中の人類の教師という見出しの文章の冒頭で，以下のように述べている。

> 釈迦，孔子，ソクラテス，イエスの四人をあげて世界の四聖と呼ぶことは，だいぶ前から行われている。たぶん明治時代の我が国の学者が言い出したことであろうと思う。（和辻，1962：263）

ここで挙がっている**釈迦**は仏教の開祖を，**孔子**は儒家の祖を，**ソクラテス**は古代ギリシアの哲人を，**イエス**はキリスト教の開祖を意味し，各人とも聖人を意味して**四聖**と呼ばれている。和辻は，このうちの孔子を取り上げているが，これら四人は人類史上，そして教育史上，並々ならぬ影響を及ぼしている。

（2）教育的教え――孟母三遷，孟母断機

教育的教えにはいくつかの種類が存在する。たとえば，**孟母三遷**は，孟母が孟子のため，特に孟子の教育のために環境を選ぶことの重要性を説いたものである。**孟母断機**は同じく孟母が，都会に学びに出ていたはずの孟子が目的もなく帰郷したところ内職で仕上げつつあった布を裁ち切って教え諭したもので，学びの継続性を説いている。

2　文化・教育施設の登場と学校の歴史

古代ギリシアの教育関連施設としては，体操場やレスリング道場，演劇場が挙げられ，他にプラトンの学校**アカデメイア**（BC386～AD529年）は数学を重視し，アリストテレスの学校**リュケイオン**（BC335年開講）は専門教育，一般教育を展開し，イソクラテスは**修辞学校**（BC392年開講）を展開した。BC490年にア

テナイの人々がペルシャ軍の侵略を恐れ，トロイゼンという町へ家族を避難させる出来事が起こったとき，トロイゼンの人々は国費で支援するための法律を制定した。それによれば，各家庭に2オボロスを毎日支給すること，少年たちに果物をどこにおいてもとってもよいとすること，彼らに教師のための授業料を支給することが決定されたという（Joyal et al., 2004：42）。

歴史学の父**ヘロドトス**が伝えるところによれば，BC496年にギリシアのキオス島では実際に生じた事故によって多くの子どもたちが亡くなったという（120人のうち1人のみ助かる）。事故で亡くなった子どもたちは文字学習に従事していたものとされ，彼らは初等教育の段階にいたことが類推されている。このことはギリシアの学校における形式的教育の最初のものであるという（Joya et al., 2004：13〜14）。

教育事象としては「BC594年に，ソロンの法において両親の教育上の義務を示した」と記され，のちに触れるように法律に基づく政治を強調しようとしている（Monroe, 1910：51）。ソロンは七賢人の一人とされ，財産政治を提唱した人でもあり，アテナイにおける幅広い分野の改革に着手した人物であった。自由人の子どもは学校に行くべきだとし，日没前までに学校を閉じることとや，コレゴスと呼ばれる演劇を指導し，援助する人物が40歳以上であること，などが示されている（Joya et al., 2004：36〜37）。

3　古代ギリシア

（1）前古典期

この時代[(1)]の特徴的なものとしてスパルタの教育がある。スパルタの国制は，立法家**リュクルゴス**によって法制化された。スパルタは軍事国家で，リュクルゴスが強調した点は，「長老の制度」であったという（古川ほか，2000：21）。

スパルタの教育の特徴はいくつかあるが，中でも共同生活による愛国主義の

(1)　『西洋古代史料集』では，ギリシア史を前古典期：BC800〜BC500年頃，古典期：BC500〜BC338年頃，ヘレニズム期：BC338〜BC31年に分類し，基本となる歴史資料の翻訳と解説が掲載されている（古川ほか，2000：5）。ただしここでは前古典期，古典期に触れておく。

共有と実践が挙げられる。「スパルタは古典期最強の重装歩兵軍を誇ったが，その基礎にはスパルタ式教育とスパルタ式生活様式，総称してアゴーゲーがあった」と指摘されている（古川ほか，2000：23)。**アゴーゲー**とは教育・訓練のことである。ローマ時代の**プルタルコス**の『哲学者対比列伝（英雄伝)』の「リュクルゴス伝」には，盗みの術や，忍耐するための非人間的な方法を用いること，優性思想などに象徴されたスパルタ教育の在り方が具体的に述べられている。スパルタ教育と対照的であったのがアテナイの民主教育であった。

（2）古典期

古代ギリシアの文化史・教育史の中で最も輝かしい業績を残した時代である。代表的教育者としては，ソクラテス，プラトン，アリストテレスの他に，哲学の創始者**タレス**，数学・音楽への貢献者**ピュタゴラス**，医学の創始者**ヒポクラテス**，建築家**フィーディアス**，**プラクシテレス**，三大悲劇作家**アイスキュロス**，**エウリピデス**，**ソポクレス**，二大歴史家**ヘロドトス**，**トゥキュディデス**，**ソフィスト**たち（**ゴルギアス**，**プロディコス**）などが挙げられる。

ペリクレスはアテナイの自由な気質について以下のようにアテナイの優越性を表明した（「ペロポネソス戦争の戦没者への弔辞」)。

> 先ず，われらは何人にたいしてもポリスを開放し，決して遠つ国の人々を追うたことはなく，学問であれ見物であれ，知識を人に拒んだためしはない。敵に見られては損をする，という考えをわれらは持っていないのだ。なぜかと言えば，われらが力と頼むのは，戦いの仕掛や虚構ではなく，事を成さんとするわれら自身の厳然たる意欲をおいてほかにないからである。師弟の教育においても，彼我の距りは大きい。かれらは幼くして厳格な訓練をはじめて，勇気の涵養につとめるが，われらは自由の気風に育ちながら，彼我対等の陣をかまえて危険にたじろぐことはない。
>
> （古川ほか，2000：39～40）

4　古代ローマ

（1）共和政期

この時代[(2)]の教育については，BC449年にはじめて遊び・娯楽（Ludus）への言及がみられる（Monroe, 1910：175）。**ルーダス**とは初等学校のことで，より発展した形の学校を**スコラ**（複数形でscholae）と呼び，これはギリシア語のスコレー（暇）に由来する（Dobson, 1963：105）。

ローマがギリシアやエジプトなどを属州化するまで依然ギリシアの影響力が強く，ローマの教育は，ギリシアの模倣の域を超えることは少なかった。ギリシア文化と比較して，ローマの文化は文学や哲学に関する教育をさほど重視しなかった[(3)]。

さらに教育環境についても郊外よりも都市部が好まれた。というのも，家庭教師を雇う世帯が少ない郊外では言語環境がよくないとの理由で，ある作家の父親は郊外の学校に子どもを通わせるのを嫌がっている（Dobson, 1963：104～105）。学校は特別な設備がなく，ペルグラ（pergola）と呼ばれる一階のベランダで屋根が付き，通りに面し，ポンペイが見渡せることもある開放的な店舗のようなものであったという（Dobson, 1963：106）。学校のうちのいくつかには，有名な作家の胸像が教室に飾られ，学校の壁には，歴史や神話の有名な状景が描かれたタブレット（表）が飾られていたという（Dobson, 1963：106）。

教師（Lugi magister）は，最初読み書きを教え，最初の読み物の授業はゲームとして取り扱うこともあり，ホレースは教師が子どもに文字学習の褒美としてケーキを持参したことに言及している（Dobson, 1963：107）。授業方法は，作文は蝋版を使用し，算数は手による計算か計算盤・そろばん（abacus）を使用して教えた（Dobson, 1963：107～108）。またステッキ棒の度重なる使用で悪

---

(2)　古代ローマの時代区分は，共和政期：BC753～BC27年，帝政期（元首政期）：BC27～AD284年，帝政期（専制君主政期）：284～476年に分けられるが，うち，共和政期と帝政期（前期）を中心に記す（古川ほか，2000：119～120，149～150，188～189を参照）。

(3)　「ローマはローマ自らを鼓舞するホメロスを有さず」（Dobson, 1963：91）。

評を有したオルビリウス（ホレースの先生）や，早朝に眠い子どもを大声と鞭とで目覚めさせようとして，その結果に不満をもった人物の報告もあり，体罰も頻繁に使用されたようである（Dobson, 1963：108）。

（2）帝政期（元首政期）

古代ローマのうちで，最も豊かな教育実践がみられた時期である。代表的教育者としては，キケロー，セネカ，クィンティリアヌスが挙げられる。帝政時代にはいると，元首の弁論術の能力が以前と比べるとやや低調となって，ローマは依然として保守的性質を保持する傾向が強く，古代ローマの紳士は有能な弁論家を目指さねばならなかった（Dobson, 1963：145）。学問も土木，建築，法律など実学が重視された。この時代はオクタビアヌスが元首を務める。前後するが，こうした帝政を支えた教育者がキケロー，セネカ，クィンティリアヌスの三人であった（第7章参照）。**キケロー**は，ラテン文学の模範的人物で『義務について』等を残し，政治家，哲学者としても著名である。しかし政敵に嫌われ殺害される。**セネカ**は暴君ネロの家庭教師であった。**クィンティリアヌス**は『弁論家の教育』で有名である。

5　中世の社会と学校

（1）初期中世の文化・教育的出来事

西洋中世はかつて，宗教の時代，キリスト教の時代，神の時代，恩寵の時代などといわれ，暗黒の中世と表現されることがあった。現代では暗黒の中世という表現はされなくなり，むしろ人間精神の形成や道徳観の形成に大きな影響力を与えてきた。中世のはじまりは，古代ローマ帝国が東西に分裂（395年）し，西ローマ帝国と東ローマ帝国とに分かれ，西ローマ帝国が滅亡した頃（476年）とする説がある。他方の東ローマ帝国は，別名ビザンツ帝国とも呼ばれ，オスマントルコに滅ぼされる1453年までの約1000年間存続した。

アメリカの教育学者ポール・モンローの教育年表は，初期中世の教育的出来事として，ユリアヌス帝が教師に免許を付与し，キリスト教の教えを禁止したこと（361年），グラティアヌス帝が州の首都の教員の給与を命じ，給与計画を確立したこと（376年），すべての教師が免許を有するべきと定められたこと（425年），モンテ・カシノに修道院が創設されたこと（529年），アルクインがフランク王国に招聘されたこと（781年），カール大帝が教育についての諸法令（Capitularies）を出したこと（787年以降）等を挙げている（Monroe, 1910：175, 220）。

またローマ帝国が西洋世界を支配するに伴い，帝国が認めるキリスト教が公認されやがて国教化した点を挙げることができる。それまでローマ帝国の宗教は多神教であり，キリスト教徒は地下で活躍する他なく，ローマ帝政期以降，帝国は彼らに激しい弾圧を加えた。彼らは非戦闘的態度，隣人愛，信仰愛を中心として，弾圧するローマ帝国に対しては無抵抗で，信仰生活（来世）に希望を託した。その弾圧の様子はしばしば書物の伝えるところであり，文学作品の主題ともなった（タキトゥス，スエトニウスなど，文学作品ではシェンキェビッチ『クオ・ヴァディス』(1895)）。

> そこでまず，信仰を告白していた者が審問され，ついでその者らの情報に基づき，実におびただしい人が，放火の罪というよりむしろ人類敵視の罪と結びづけられたのである。彼らは殺されるとき，なぶりものにされた。すなわち，野獣の毛皮をかぶされ，犬に嚙み裂かれて倒れる。〔あるいは十字架に縛りつけられ，あるいは燃えやすく仕組まれ〕，そして日が落ちてから夜の灯火代りに燃やされたのである。ネロはこの見世物のため，カエサル家の庭園を提供し，そのうえ，戦車競技まで催して，その間中，戦車馭者のよそおいで民衆のあいだを歩きまわったり，自分でも戦車を走らせたりした。
> （古川ほか，2000：164）

しかし313年にはミラノ勅令が出され，キリスト教がローマ帝国において公認され，325年にはニケーアの公会議においてアタナシウス派を正当なキリスト教教義とすることが決定された。**教父**と呼ばれるキリスト教を弁護する神学者の活躍がそれらと前後する頃に顕著になってゆく。代表者は，ユスティノス，エウレナイオス，クレメンス，オリゲネスらである。そうした人物の中で，教父の最も著名な代表者は，**アウグスティヌス**であった。彼は『告白』『神の国』『教師論』を残した。彼の『告白』は，彼の若き頃の自伝であるが，アフリカ出身の彼が，ローマに出てきて，弁論家教師を務めながらも，心の弱さ，信仰の弱さを告白する文体となっており，あわせて当時の教育の様子を窺い知ることができる（詳しくは第8章参照）。

西洋修道院制度を確立した人物として**ベネディクトゥス**が挙げられる。「彼が養成した修道士たちは，フランス，ドイツ，イギリス，……，ローマ帝国なきあとに修道院を建設し，その周囲に多数の街区を創り出した。……学校，図書館，ギリシア・ローマの古典，薬学や芸術，哲学や神学書の保存など全文化は彼らの手中にあった」（朝倉，1979：4）といわれているが，彼の教育学的特徴として**戒律**，**日課表**，**写本作業**を挙げておく。「百ページにもみたない小冊子の戒律は，ベネディクトの傑作」であり，「ベネディクト会修道士の生活は，今日もなおこの戒律にしるされている」という（朝倉，1979：30）。彼の戒律は「**祈りかつ働け**」という信仰と労働の二大徳目を挙げたもので，日々の時間の過ごし方（日課表）も戒律に拠って規定されている。これは夏と冬の季節ごとによって内容が変わる。冬期は午前2時に，夏期は午前1時から2時に，夜課（現代の朝課）のため起床し，夜課，読書，讃歌，読書，労働と続き，冬期であれば午後5時に，夏期には午後7時30分から8時に就寝する（朝倉，1979：3）。また修道院での心構えとして「怠惰は魂の敵である。それゆえ兄弟〔修道士〕たちは特定の時刻には手の労働に，さらに特定の時間には聖なる読書に従事しなければならない」（ヨーロッパ中世史研究会，2000：75）とある。写本作業は，グーテンベルクの活版印刷術の登場（1455年）まで西洋中世文化の重要な伝達手段として継承されていった。

（2）自由七科（七自由科）の確立

中世初期に教科書作りに貢献した人物がいる。中世初期に自由七科の形式的確立がなされるが，これらの決定に尽力したのが，次の学者たちである。**マルティアヌス・カペラ**は『メルクリウスと文献学との結婚』（初期中世五大教科書のうちの一つ）を，**ボエティウス**は，最初のラテン人といわれ，アリストテレスの著作をラテン語に翻訳し，西洋世界に広く紹介しようと試みた。彼の『音楽論（*De Musica*）』は，中世の教科書として大学で使用される。**カシオドロス**は，修道院学校で使用される自由七科の概略を準備，7という数字を固定化することに貢献した。**イシドロス**は『語源学』の著者で，修道士が必要とされる古代的知識を準備する。カシオドロスに見解として反対するところがあり，カシオドロスは，ローマ時代の人物であるのに対して，イシドロスは完全な中世に属する人物である（Cubberley，1948：162～164）。

（3）カロリング・ルネサンス

8世紀に**カール**（シャルルマーニュ）**大帝**が実施した学事奨励運動を**カロリング・ルネサンス**という。この動向の狙いの一つに，修道士の教育向上を目指したことが挙げられる。そのためヨーロッパ各地から学者を招聘して，学事改革を試みた。イギリスからは**アルクイン**を招聘した。彼は8世紀の代表的学者であり，三学についての研究書を残し，フランク王国の各地の学校で使用される天文学に関する論文を残したという。**マウルス**（Rabanus Maurus，776頃～856）は，フルダの学識ある修道士，アルクインの弟子で『聖職者の指導について』を残している。文法学や天文学についての教科書を残し，百科事典も発行した。

（4）盛期中世の文化・教育的出来事

この時代の代表的な教育として騎士教育が挙げられる。アメリカの教育学者エルウッド・パターソン・カバリーによれば，騎士教育は9世紀から10世紀初めにかけて高まってきた。それは十字軍の時代には最高潮を迎え，16世紀まで継続した。騎士の教育には，3段階ある。一つ目は，Page といわれる期間で，7～8歳までの家庭における教育のことで，母親により教育されるものである。7～14歳までの子どものことを Page という。主として貴婦人について宗教，音楽，礼儀，チェスなどを学ぶ。二つ目は，Squire と呼ばれる期間で，騎士の従者のことである。14～15歳で Squire となる（20歳ぐらいまで）。これは成人騎士について，個人的従者となり，日常の生活の世話を行う。また狩りや敵との遭遇，戦闘を学ぶ。同じくリズム（音律）を学び，詩歌を奏で舞踏，ハープの演奏などを学ぶ。三つ目は，Knight の期間であり，21歳になると男子は騎士となり，教会に属し，儀礼を執り行う。剣を祭壇に奉納し，「教会を守る」という誓いをたてる。そして剣の前に跪き，誓いの言葉をたてる。また「騎士の10項目の掟」があり，(1)祈祷，(2)罪の回避，(3)教会を守る，(4)未亡人と孤児を守る，(5)旅行，(6)忠誠な戦いを遂行する，(7)自らの婦人のために戦う，(8)正義を弁護する，(9)神を愛する，(10)善き真実の人のいうことを聞く，を挙げている（Cubberley，1948：166～169）。

しかし，十字軍以降，その影響力は衰退していくこととなる。また初期の大学がみられたのもこの時代である（1050年頃にサレルノ大学が繁栄，1160年頃にパリ大学創設）。

（5）晩期中世の文化・教育的出来事

モンローの教育年表は，晩期中世の教育的出来事として大学の成立や修道会の成立，高等教育における教育内容についての言及を挙げている（Monroe, 1910：350）。まずはアリストテレスの『自然学』の研究がパリ大学において禁止されている（1210年）。当時学問の頂点には神学が位置しており，神学以外の学問はそれに従属させられ，「哲学は神学の婢（はしため）」ともいわれていた。そんな中，カトリック教会は神学の立場から高等教育の教育内容についても高圧的な態度を高めていく。つまりパリ大学での研究対象からアリストテレスの自然学研究を除外したのであった。学者たちは撤回を求め，密かに研究を進める者もいたが，カトリック教会は再びパリ大学でのアリストテレスの自然学研究を禁じた。これはのちに撤回されることとなる。

またパリでは，ドミニコ修道会（1217年），フランチェスコ修道会（1230年）などの修道士たちの組織化が進んだ。同じ頃，ヨーロッパ各地で大学が公認されるようになる。モンローは，パトヴァ大学（1222年），ナポリ大学（1224年），サラマンカ大学（1243年），オックスフォード大学（1249年），ケンブリッジ大学ペーターハウス（1284年）を挙げている（Monroe，1910：350）。大学ではロンバルドゥスの『命題論』などの教科書が使用された。

中世も晩期に入ると，これまで支配的であったキリスト教（ローマカトリック）への在り方に対して批判的な意見もみられるようになる。たとえば，イタリア・ルネサンス文学の嚆矢（こうし）とされるダンテ（Dante Alighieri, 1265～1321）の出生年は1265年である。彼はイタリアのトスカナ語で『神曲』『新生』を記した。当時の公用語であったラテン語ではなく，一地方の口語で記したところにダンテの独自性がある。『神曲』は，地獄篇，煉獄（れんごく）篇，天国篇の３界を，かつての片思いの人ベアトリーチェと古代ローマの詩人ヴェルギリウスが巡っていく話である。煉獄というのは，やむをえず罪を犯した者（商人など）を地獄へ送ることは忍びないという理由で，行き場として煉獄というものがあるという。またウィクリフ（John Wyclif, 1320頃～1384）のようなキリスト教を容認する神学者ではあるものの，その信仰内容を巡ってローマ教皇の正統教義を批判し，聖書主義を唱える者も出現した。

この時代の特徴として高等教育についての発展が挙げられる。大学の起源を巡ってはイタリアで自発的に発生した大学が初期のものである。その他，修道院学校，宮廷付属学校，司教座付属聖堂学校などの教育機関が存在した。カバリーは，中世の教育制度を具現化した版画を掲載している（Cubberley, 1948：154)。その図によれば，中世の高等教育の教育内容は**自由七科**（**七自由科**）である。この表現は，７世紀のキリスト教作家が古代の七つの学問を要約した時から一般的になった（Cubberley, 1948：153)。**智恵の塔**ともいわれるこのイメージはこれら中世の知識人が学ぶべき内容（**三学**＝文法，修辞，弁証（論理），**四科**＝算術，幾何学，天文，音楽）を文法を筆頭に下から上へと積み上げていくように段階的に示しており，頂点には神学が君臨し，その下には形而上学，倫理学が位置づけられていた。ゲルマニアの教師といわれるマウルスは，この図式をキリスト教教育計画に活用した。

学習課題

① 様々な教育用語を漢和辞典，英和辞典等で調べ，その意味や使用例を確認してみよう。

② 子どもが描かれている芸術作品（例：絵画や彫刻等）を探し出し，子どもを取り巻く環境や遊び，時代背景等を調べてみよう。

③ 本文中のゴシック表記の人物・用語の教育学的側面について詳しく調べてみよう。

引用・参考文献

朝倉文市『聖ベネディクト』平凡社，1979年。
アリエス，P.『〈子供〉の誕生』杉山光信・杉山恵美子訳，みすず書房，2013年。
アリストテレス『形而上学（上）』出隆訳，岩波書店，1975年。
内野熊一郎『新釈漢文大系　孟子』明治書院，1979年。
岡部紘三『図説ブリューゲル』河出書房新社，2012年。
広岡義之編『教育の制度と歴史』ミネルヴァ書房，2007年。
古川正人ほか編訳『西洋古代史料集』東京大学出版会，2000年。
松田徳一郎監修『リーダーズ英和辞典』研究社，1984年。
矢島文夫編『古代エジプトの物語』社会思想社，1974年。
山田晶『世界の名著　16　アウグスティヌス』中央公論社，1994年。
ヨーロッパ中世史研究会編『西洋中世史料集』東京大学出版会，2000年。
レーブレ，A.『教育学の歴史』広岡義之ほか訳，青土社，2015年。
和辻哲郎『和辻哲郎全集　第6巻』岩波書店，1962年。
Cubberley, E.P. *The History of Education,* Constable, 1948.
Dobson, J.F., *Ancient Education and its meaning to us,* Cooper Square, 1963.
Joyal, M., I. McDougall and J.C. Yardley, *Greek and Roman Education,* Routlege, 2004.
Magee, B., *The Story of Philosophy,* Dorling Kindersley, 2001.
Monroe, P., *Text-book in the history of education,* The Macmillan, 1910.
Schorsch, A., *Images of Children,* Main Street Press, 1985.

第5章

近代公教育制度の誕生

歴史における時代を区分する根拠については，様々な要素が存在しうる。たとえば，政治的な観点や経済的な観点からの捉え方もできれば，人間が道徳をどのように捉えていたかといった思想的な観点からの捉え方もできる。ただ，おおよそ18世紀前後から欧米史的には様々な点で社会が大きく変化し，それに伴い現在の我々の社会の基礎的な面が作られたといえる。その意味で，近代教育史を現在の我々が学ぶことは，今の自分たちがどのような状況であるかを分析するために有効であるといえる。

本章では，近代の公教育制度の成立過程にのみ焦点を当てる。その理由は，現代の学校教育の教員になるために学んでいる皆さんにとって，何が時代的に連続もしくは断絶しているか，そしてそれがどのような理由から誕生し，その意義はどこにあるのかということを理解することにより，公教育と社会との関係性の一端が見え，そのように物事を捉えることが現代そして未来の学校現場で起こりうる諸問題を解決するためのきっかけになると考えるからである。

1　近代における教育への欲求

我々が当たり前のように受けている学校教育の制度はいつごろ登場したのだろう？　そして，近代以降の学校はどういう理由で登場したのだろうか？　本節では，近代において近代学校制度といわれるものがどうして必要になっていったのかをみていこう。

（1）キリスト教と学校教育制度

1517年にルター（Martin Luther, 1483～1546）が引き起こした宗教改革によってもたらされたプロテスタント諸派の拡大は，その後の社会の発展につながっていったことは，古くから指摘されている。たとえば，ヴェーバー（Max Weber, 1864～1920）はすでに20世紀初頭には，プロテスタントの発展と資本主義経済の発展との関係性を指摘していた。

教育においても同じことがいえ，その後の1642年のゴータ教育令やマサチューセッツ教育普及令にみられる義務教育制度の原型ともいえるものは，プロテスタントの勃興が大きな影響を与えている。

図5-1　ルターのドイツ語訳聖書

出所：山崎英則・徳本達夫編著『西洋教育史』ミネルヴァ書房，1994年，16頁。

ルターは信仰義認説を説き，それまでのキリスト教信仰がローマ・カトリック教会によりいわば支配された状況にあったものに対して，信仰は個々人のものであると主張した。また，万人司祭説と聖書主義を説き，神の前には皆信仰的には平等で各個人が信仰と向き合うべきであり，そのための信仰の内容は聖書に存在すると説いた（図5-1）。

このことは，キリスト教信仰とそれに関係する知を一部の特権的な人間が所有する構図から，各個人がアクセスしやすくなる構図に変化していったとまとめられる。各個人が信仰のために聖書を読めるようになるためには，それまで一般的であったラテン語の聖書ではなく，一般の人も読むことのできるドイツ語の聖書を出版しなくてはならなくなる。このような社会的変化のもとで，教育に求められるものも大きく変化し，聖書は学校教育の中で個々人が学ぶ必要のあるものとみなされるようになった。

ゴータ教育令は，就学義務が厳格に規定されたことが有名であるが，その一方で，その教育内容としては，宗教教授に満ちたものであり，それゆえルターの思想が教育制度的に一応の結実をみたものということができるであろう。

またアメリカ大陸では17世紀には各植民地がプロテスタント教派ごとにわかれてそれぞれ移住しており，各植民地で独自の教育制度を整えつつあったが，その中でも当時の植民地群の中心的な存在であったプロテスタント会衆派が設立したマサチューセッツ植民地では，「マサチューセッツ教育普及令」を発令した。これは「神の国建設に役立つ」人間の育成のために公費での学校建設と就学義務を規定していた。

このように国家などの統治機構が教育の機会を設計し，子どもたちを**社会化**する目的で教育するという制度は，宗教改革があったことと深く関係があると捉えられる。

（2）社会思想史的発展と学校教育制度

社会思想史的な発展も学校教育制度に大きく影響を与えた。いわゆる啓蒙主義者たちは，合理的精神によって，キリスト教会による道徳的支配（価値観の支配）や絶対王政への批判を行い，人権思想に基づき，一人ひとりの個々人が，人として生きる権利を持つことを主張した。この中には当然のことながら教育への権利，すなわち教育により個々人がより自らの社会的状況を改善しようと願い，それを教育によって保障するという構図が成立しやすくなったということができる。このことを理解するのに日本で学ぶ我々にとって一番わかりやすいのは，福沢諭吉（1835～1901）の『学問ノススメ』（1871）における「人は生まれながらにして貴賤・貧富の別なし。ただ学問を勤めて物事をよく知る者は貴人となり富人となり，無学なる者は貧人となり下人となるなり」という言葉ではないだろうか。

しかし，たとえばロック（John Locke, 1632～1704）などの近代啓蒙思想家たちは現在のような人権観をもってこれらを主張したわけではないことを忘れるべきではない。たとえばロックは紳士（＝貴族）のための教育と大衆のための教育を分けて考えるべきと主張しているし，ベンサム（Jeremy Bentham, 1748～1832）も，ブルジョア階級（＝有産階級）の子弟のための学校と，下層階級に対する教育を別のものと主張していたのであった。『国富論』（1776）で有名なアダム・スミス（Adam Smith, 1723～1790）は，大衆が教育を受けることにより得られる**道徳的効果**に期待をしていたのである。

（3）経済的発展と学校教育制度

さらに経済的な発展も学校教育制度に大きな影響を与えている。18世紀半ばから始まる蒸気機関の発明などからなる産業革命は，工場制機械工業の発展を導くことになる。機械技術の発展に伴い，それまでの熟練労働者が活躍できる産業システムが，機械を操作できる能力を持つ人間によって成り立つシステムに代わってしまう。そしてこの工業の発展により，農村から工場のある大都市へ人口が集中し，その中で多くの子どもたちが教育を受けずに放任されてしまう。実際には従順で賃金の安い少年労働者が，労働条件の悪い中で，１日に10数時間過酷な環境の中で働かせられるという状況が起きた。そこでこのような環境改善のために1802年に「徒弟の健康と道徳に関する法律」が出され，９歳以下の少年の工場での労働を禁止し，労働時間を12時間以下に制限し，夜間労働の禁止と１か月に１回は教会に行かせることを規定した。また，徒弟期間の最初の４年間は子どもたちに読み・書き・算数の教授を行うこととし，これらの勉学の時間は労働時間の一部として認められることとなった。

このように一見すると子どもたちのためとも思えるような施策は，一方で工場経営者たちの支持をも集めることになる。子どもたちが教育を受けることで，教育こそ犯罪を予防し治安を維持するために必要だという認識が高まり，さらに教育の結果，一時的に工場から子どもを奪われることになっても，教育されることにより工場労働に必要なリテラシーをもった従順な労働力を手に入れることができることになる。それゆえ社会は学校での教育を必要としたのである。

このようにして捉えてみると，近代の教育への要求は，一つは**宗教的教化**という背景，もう一つはその思想史的発展としての，**啓蒙思想・人権思想の発展**という背景，さらには**経済的発展**という三つの線が複雑に絡まって登場したといえる。

2　各国の注目すべき近代公教育制度の成立過程

ここまで述べてきたような教育への要求により，どのような教育制度が整備されていっただろうか。そして，その教育の内実とはどのようなものであっただろうか。

本節では，ドイツ・アメリカ・フランス・イギリスの４か国がどのような背景を基に，学校教育制度を整備していくことになったかを述べていくことにする。その理由は，一つには先に述べた近代における教育への欲求が，どのような形で制度として登場していったかを学ぶことにより，学校教育制度自体の根源的な意味や意義を理解することに役立つと考えるからである。そしてもう一つは，これらの４か国は，開国した明治維新以降の日本が様々な制度においてモデルとしているからである。各国にはそれぞれこの制度を整備させるための歴史的背景が存在した。その背景を理解しないまま，事象や年号の暗記だけをもって歴史を学ぼうとすると，そもそも歴史を学ぶ，あるいは歴史から学ぶ意義が大きく損なわれてしまう。なお，ここで触れる近代公教育制度とは，公費による学校設置や無償であることと就学義務の規定という観点からのものとしたい。

（1）ドイツ

先に挙げたように，ドイツでは，ゴータ公エルンストによって1642年に全16章435条からなる義務教育のための法令が整備された。「子どもはいずれの土地においても，男女を問わず，すべて例外なく一年を通じて学校に就学しなければならない」とし，「父母は５歳以上，12歳以下の子どもでまだ文字の読めない者を，すべて就学させなければならない。この義務を怠ったものは，何人たるを問わず処罰される」として，父母の教育義務も規定したところは注目されてよい。

もう１点注目するべきは，「まだ文字の読めない」子どもの就学を義務としているところ，すなわち，一定の能力を習得することがその目的であるという点である。ここでは，その文字の読める・読めない水準とは⑴ドイツ語が読めること，⑵ルターの書いた（キリスト教）教義問答書を暗唱できること，⑶教科書に出ている聖書の言葉がいえること，⑷ドイツのことわざなどを暗記していること，⑸その他，算術・讃美歌が歌えることなどが定められており，その習得の可否を国家試験によってはかることにより，就学義務が完了することになったという点である。

この法令は，その内容が示す通り，重点はプロテスタントとしての信仰のための基礎的な素養の習得に置かれており，それゆえ学校制度は，その社会の要請に基づいて性格が変わるということを示すものであり，**社会的価値の再生産**のための手段であったともいえる。

18世紀以降ドイツでは啓蒙思想が強く影響を持ち，絶対王政下での啓蒙が進むというドイツ啓蒙主義が普及した。それゆえドイツの場合アメリカやフランスのように，国民の権利としての教育といういわば下からの要望での教育というよりは，上からの指令により教育制度も整備されていくことになる。

フリードリヒ・ヴィルヘルムⅠ世（Friedrich Wilhelm I., 1688～1740）は，1717年に農民と農民層に対して最初の「強制就学令」を発し，就学義務が実施された。それは，「父母がその子を学校に送ることを怠り，したがって貧しき少年たちが読み書き計算の知識及び彼らの知識及び彼らの救いと祝福に役立つ最も必要な知識において，はなはだしい無知のうちに成人しつつある」ことを問題視して出されたものであった。さらにフリードリヒ・ヴィルヘルムⅠ世は1736年に「プリンキピア・レグラティヴァ」を公布し，学校運営の一部に公費を充てることを規定した。

1763年にはフリードリッヒ大王のもとで，近代義務教育制度の一つのモデルともいえる「一般地方学事通則」が制定された。これは就学義務の規定およびその励行や奨学措置や，宗教・国語等の教授法についての詳細な指示がなされていた。大王がこのような教育制度を制定した背景としては，「農民階層は国家にとって非常に重要である。彼らは国家の土台」であるという考え方でもあり，さらに言えば，戦争における下士官不足にあるという指摘もある。下士官は，一兵卒と士官との間をつなぐ重要なポストで，軍隊を機能的に運用するためには下士官の能力が非常に重要であるといわれている。下士官には当然読み書きの能力が求められるが，当時のドイツではその下士官不足の事態に陥り，そこに外国人を充てる事態になっていた。それゆえ，この法令の背景として国家的要請という観点から理解することは，教育が社会・国家の要請と非常に密接に結びついていることを理解するべきものとして非常に重要である。

そしてフリードリヒ・ヴィルヘルムⅡ世（Friedrich Wilhelm II., 1744～1797）により各階級における教育を掌握する機関として高等学務委員会が1787年に設立された。それまで，ドイツ内では宗派によって別々に学校教育が監督されていた。それゆえ，先に出た「地方学事通則」もプロテスタント・ルター派向けであり，1765年にはカトリック向けの「学事通則」が出ている。しかし，この高等学務委員会制度は「全国土のすべての学校」に「宗派の別なく，すべてこの委員会の監督の下におかれる」という教育行政について，国家が監督を行うことにしたのである。

さらに1794年には「一般地方法」が制定された。この法令では「学校および大学は国家の施設であって，青少年に有用な知識及び学問を教授することを目的」として「施設は国家の承認と認可によってのみ設置する」ことができ，私立の教育施設については，当局によってその適格性を確認され，教育及び教授の計画の承認を受けなければならないという公教育制度を提起していた。また，そこで働く教師は，試験によって教職適格証明書を受けている者でなければ教員として任命され，採用されないとし，教員資格にまで言及していた。

このような経緯をたどりドイツの近代公教育制度は整備されていくことになる。

（2）アメリカ

アメリカでは，いわゆるピルグリムファーザーといわれる，ピューリタンたちがイングランドにおける迫害から逃れ，アメリカ大陸にこそ神の国を建設することを目的として1620年11月に移住したことに端を発し17世紀初頭から急速に植民地を拡大していった。特にピューリタンたちの植民地では，単一のキリスト教教義に基づく運営が行われており，それゆえ他の宗派や教義に対する非寛容は日常的であった。実際に他の宗派であることを理由に少なくない人間が追放や絞首刑になっていた。このことは，政治と宗教とが分離するべきであると考えた政教分離主義とそれに基づく公教育の中立性の遠因となっていく。

そのような中で，1642年にマサチューセッツ教育普及令が出される。同法では「共同体にとって有益である学問や労働」を青少年に教育することを親たちが怠っているので，「読む能力や宗教の諸原理および国の主要法令を理解する」ための能力を身につけることを規定している。さらに1647年においては，町ごとに学校設置義務を定めた法令も出される。

これらの法令は，あくまでもキリスト教に基づく共同体を担うべき人材の育成という観点で出されたものであり，その内容はキリスト教の教義を，教義問答書（カテキズム）などを通じて教えるものに過ぎない。また，アメリカの全植民地がこの制度により統一されたわけではない。しかし，子どもの教育が自分たちの目指す社会の形成において役立つという考え方，そしてそれゆえ社会が子どもの教育に積極的に関与するべきであるという考え方においては，アメリカにおける公教育制度の思想的原点として捉えることができるであろう。

このような背景とは別の筋から，アメリカにおける義務教育制度史を考えるうえで必要な要素は，独立革命期における人権思想の高揚である。アメリカ独立宣言（1776）では，人間は平等であり，譲り渡すことのできない基本的な権利を持っており，政府はこの権利を保障するために設けられたと主張しているが，これこそアメリカ合衆国成立の根本的な原理である。このような人権思想に基づき，たとえばトマス・ジェファソン（Thomas Jefferson, 1743～1826）は，「自由と幸福を保つために」人民の間に知識の普及を図る法案の重要性を提唱した。

このようにして，「神の国」建設を担う人々を育成するための教育から，「自由と幸福」のための人権思想に基づく近代的学校教育制度，すなわち「民主主義国家」を担う市民の育成のための教育制度が構想されるようになった。ただし，アメリカにおいては教育制度については各州に権限があり，アメリカ合衆国全体としての公教育制度が登場したわけではない。

そのような背景の中で注目されるのは「アメリカ公教育の父」と呼ばれるホレース・マン（Horace Mann, 1796～1859）である。彼は，マサチューセッツ州の初代教育委員長に就任し，教育の平等については，アメリカ合衆国の理念を体現するうえで最も重要であるとした。彼にとっての近代公教育の目的は，市民の育成であり，そのために公教育においては，「**市民的および社会的義務を果たすのに必要とされる資質**」を育成することを求めた。

さらに，子どもには教育を受ける権利が生まれた時から存在し，子どもがその権利を行使することが成人，直接的には親の権利であり義務であるとし，それが満たされない時は，社会が引き受けるべきものとしたのである。このような思想的背景のもと，公費で運営される学校への就学義務を規定したマサチューセッツ義務教育法が1852年に出される。

このような経緯を基にアメリカ合衆国における近代公教育制度が整備されていくことになる。

（3）フランス

17世紀までフランスの教育を支配していたのは，イエズス会（ジェズイット）であり，民衆の教育制度の整備は，フランス革命まで待たなくてはならない。たとえば，17世紀末の調査では婚姻届に自分でサインできたものは男子が約29％で女子は約14％といわれ，教会が貧民教育を担っていたものの，その効果は非常に限定的であった（梅根，1975a）。

18世紀の啓蒙思想の拡大により，イエズス会の社会的・政治的影響力は衰えていくとともに，フランス革命により，それまでの教育体制が一気に変革を求めていくようになる。その変革期の中で，公教育の設置を主張したことで著名なのがコンドルセ（Marie Jean Antoine Nicolas de Caritat, Marquis de Condorcet, 1743～1794）である。

コンドルセは，1792年に「公教育の全般的組織にかかわる報告及び法案」を議会に提出し報告した。この中でコンドルセは，人間理性の無限の進歩が教育によって可能であり，これにより人間社会の不断の発展が保障されるとしたのである。そして，公権力は人間精神の進歩を阻む偏見や無知を除去する責任をもつことと生涯を通じて学習する機会を万人に平等に無償で保障することをしなければならず，そして学習する権利は基本的人権に属し，これを守るために，公権力の設置する教育機関は，一切の政治的脅威から独立するべきであるという**教育の独立性**を主張した。さらに，公教育では科学的真理と探究する能力が授けられるべきであって，いかなる思想信条も真理化をされてはならず，また，たとえ科学的真理といえども，これを信じ込ませるべきではないと主張した。

この実現のために，コンドルセは，教育機関としては，人口400名につき教師1人の初等学校を1校，中等学校を各郡および人口4000人の都市に教師1～3名で1校設置し，さらに高等学校（アンチェスティ）を110校各県に設置し役人などの指導的人材の育成を図り，大学（リセ）では研究者や学問的職業人を養成する。これらの教育はすべて無償で受けることができ，教育諸機関を監督する国民学術会議を設置し，リセの教授はその会議から，アンチェスティの教授はリセの教授から，初等・中等学校の教員はアンチェスティの教授から任命され，教育の独立を保持するという構想を立てた。

コンドルセの構想は直接的には実現せず，彼自身も投獄され獄中死することになる。しかしながら彼の主張の中にみられる，公費での学校設置といった近代公教育制度の樹立といった観点だけではなく，教育行政の独立，すなわち教育が政治的立場によって内容を変えてしまうことや学校では知識の教授や探究方法のみが教えられるべきで，子どもの内面の教育については触れるべきではないという主張をしたといった点で，現代にいる我々にとっても大きな問題提起をしているといえる。

その後1806年以降に「ナポレオン学制」と呼ばれる中央集権的な教育行政制度がうちたてられた。さらに1830年代の産業革命の進行期において，初等教育についての法整備の必要性が認識され，1833年に，各市町村立学校の設置やそれについての公費補助を規定した初等教育令が出されることになる。最終的には，授業料の廃止（1881年），初等教育の義務化（1882年）というように公教育が整備されていくようになる。

（4）イギリス

イギリスにおいては，近代公教育制度が登場するのは1870年代まで待たなくてはならない。従来イギリスは自主性の精神が強く，それゆえ教育についても法制度的に整備するよりは，各種の自主的な運動の中で民衆教育論が展開される傾向にあった。また学校自体も私立学校が基本であり，公立の学校設立への要求も，19世紀になって一般的になったといえる。

1698年に設立された「キリスト教知識促進協会」は，民衆の子弟に宗教の知

図5-2　ベル・ランカスター法

出所：広岡義之『新しい教育原理　第2版』ミネルヴァ書房，2014年，46頁。

識を教授することを目的としたものだが，それは一方では，治安対策のためのものとみなすことができる。

産業革命の進展とともに，教育が必要とされていった経緯については先に述べたが，工業化とそれに伴う都市化は結果的に多くの放任された子どもたちを生み出すことになる。これらの子どもたちの教育を引き受けたのが，「貧民教育促進全国協会」を設立したアンドリュー・ベル（Andrew Bell, 1753～1832）であり，「英国及び海外学校協会」を設立したジョセフ・ランカスター（Joseph Lancaster, 1778～1838）である。

彼らは多くの子どもたちを一斉教授するために，次のような原則に基づいて助教を活用する方法を考案した（図5-2）。

まず，各クラスを習熟度に分け，そこに助教を置いた。教師は助教に内容を教え，助教がそれを担当しているその他の生徒に伝えるのである。また，そのクラスの運営，たとえば出欠の管理なども助教の役目であった。

一斉教授のための方策としては，「教授の目標を単純化」し，教育内容を簡単なものから複雑なものへと配列させた。

さらに競争を奨励し，よい成績を挙げれば上のクラスに移動でき，悪い成績であるならば下のクラスに移動させられる。ベルの方法では，クラスの成績上位の者は指導者になることを許され，名誉が与えられるので競争の的になった。ランカスターは表彰を用い，賞品などで競争を活性化した。

この**助教法**は，安価で効率的に貧民階級の子弟を教育できるという点で支持を集めた一方で，同じ生徒同士が教えあうという点では，宗教教授や道徳の教授ができないという点や，どうしても丸暗記に頼りがちなことといった点での弱点が存在し，1840年代以降には下火になっていく。

しかしながら現代の我々は，学校における生徒管理の概念や競争原理の導入といった点，そして近代公教育とはどのようなものであるのかという点から，この助教法についてあらためて注目するべきではないだろうか。

イギリスではその後1832年の選挙法改正により，産業革命を契機に登場した多くの産業資本家たちが国会の議席を占めるようになったが，それに伴い労働階級の子弟たちへの教育が問題にされるようになり，1833年から6年間2万ポンドの国庫補助金が貧民階級教育のための校舎建設費の一部として私立学校に支出されるようになった。

この補助金は年々拡大していたが，私立学校とはいえ初等教育の普及という側面と1850年に設立された全国公立学校協会にみられる，公費運営で無月謝かつすべての子どもに開かれた学校制度制定への要求を引き起こすという二つの側面により，イギリスにおける近代公教育制度に大きな影響を与えたといえる。

このような背景のもとで，1870年に初等教育法が公布された。この法律では，既存の各宗派立の学校（ボランタリー・スクール）の存続を認めたうえで，学校の足りないところには地方教育委員会を設置し，その委員は住民の直接投票によって選出されること，この教育委員会立学校では，特定宗派の教義問答などを教えてはならないこと，教育委員会立学校でも授業料は徴収できるが，支払い不能の親に対しては免除すること，そして地方教育委員会は，5～13歳の子どもを一定期間就学するよう強制することができることなどが定められた。

やがて1876年の教育令に追って初等教育の義務化は実現され，1891年には初等教育の大部分が無償であることが確立された。

3　近代の学校教育制度の成立を学ぶ意義とは

以上近代の教育について，公教育制度がどのように発展していったのかを中心に説明してきた。すでに述べてきたように，近代は現代と直接的に多くのつながりを持っているが，そのルーツは様々な要素が絡み合って誕生してきたことを理解できると思う。

教育とは，それ単体で存在するのではなく，社会の仕組みと大きく影響し合いながら存在しており，社会的価値を再生産することをその効果として持っている。近代の公教育制度はそれを効率的に実施できるための制度ということもできる。

また，子どもに対する教育は親の責任であり，その環境を整えることが国家・社会の責任となる。教師はその社会的責任の遂行者であるという考えが歴史的に成立したということも理解することができたのではないか。教師を目指す皆さんにとってはあらためて教師という職務の責任の重さを感じるきっかけとなってほしい。

学習課題
① 近代の学校教育制度は現在の我々とどのようにつながっているか考えてみよう。
② 各国の近代公教育制度における地域的特徴はどんなことが挙げられるか考えてみよう。

引用・参考文献

市村尚久編『現代に生きる教育思想１　アメリカ』ぎょうせい，1981年。
梅根悟編『世界教育史大系７　イギリス教育史Ⅰ』明治図書出版，1974年。
梅根悟編『世界教育史大系９　フランス教育史Ⅰ』明治図書出版，1975年a。
梅根悟編『世界教育史大系17　アメリカ教育史Ⅰ』明治図書出版，1975年b。
梅根悟編『世界教育史大系11　ドイツ教育史Ⅰ』明治図書出版，1976年。
木下法也ほか編『教育の歴史　西洋と日本』学文社，1987年。
長尾十三二『西洋教育史』東京大学出版会，1978年。
堀尾輝久『現代教育の思想と構造』岩波書店，1972年。
真野宮雄ほか訳『世界教育学選集62　アメリカ独立期教育論』明治図書出版，1971年。

第6章

現代教育の分析

2020（令和２）年から本格実施される学習指導要領の改訂は，2003（平成15）年に実施された学習指導要領が「ゆとり教育」と批判されその影響を受けたとされる「学力低下」論の影響を受けて成立している。しかしながらその「ゆとり教育」が導入された2003年の学習指導要領の改訂自体，その前の時代に行われていた教育への期待や反省により導入されたのである。

また，2020年の学習指導要領の中では，「主体的・対話的で深い学び」という表現がされていた，いわゆるアクティブラーニングは，「知識・情報・技術をめぐる」変化が加速度的に起こることで，社会状況の変化の予測が難しくなる中で，知識を個々人がどのように蓄積するかという点以上に，どのように知識を直面した場面で活用するかという点に対応できる人材が社会で必要とされてくるということが理解できるだろう。

それゆえ，現代の教育を理解するためには，常にその前の時代の教育への振り返りがなされていることを理解する必要がある。本章は日本の現代教育の課題と，そのルーツがどこにあるのかをたどる。

1　現代の教育の求めるもの

現在の教育をどう捉えるかということを考えると，それはじつは過去の現状への期待や願いや反省が込められて成立していると捉えることができるといえる。すでに我々は前章にて近代の教育が，社会的要請によるものとして公教育の成立した歴史的背景について見てきた。そこで示されたとおり，近代以降公教育制度が確立してからは，我々はその時代において社会に何が求められ，それを実施していたかということを学校制度への反映の中に見ることができる。

このように考えると，教師とは常に「現在」の社会状況を踏まえることが求められるということを理解する必要がある。そこで本章では現代の教育がどのような経過をたどって形成されていったかを日本を題材にして考えていきたい。

21世紀に入ってからの日本の公教育について，特に注目すべき点は３点ある。一つ目は1947（昭和22）年に制定され，2006（平成18）年に改正された「教育基本法」，二つ目は「特別の教科　道徳」の導入，そして三つ目は「総合的な学習の時間」についてである。

2 「教育基本法」の制定とその改正

(1)「教育基本法」の誕生

「教育基本法」は，第二次大戦後の日本の「教育の根本を示す法律をつくろう」（堀尾，2002：55）という動きの中から，「實質的には教育に關する根本法たる性格をもつもの」（辻田，1947：27）として誕生した。それゆえ，現代日本の教育の原点は1947（昭和22）年に出された「教育基本法」（以下，旧法）にあるといってよく，教員を目指す皆さんにとって，何よりもまず理解をしておかなければいけない法律である。

終戦から１か月経過した1945（昭和20）年９月15日に，「新日本建設ノ教育方針」が文部省から出された。その中には「文部省デハ戦争終結ニ関スル大詔ノ御趣旨ヲ奉体シテ世界平和ト人類ノ福祉ニ貢献スベキ新日本ノ建設ニ資スルガ為メ従来ノ戦争遂行ノ要請ニ基ク教育施策ヲ一掃シテ文化国家，道義国家建設ノ根基ニ培フ文教諸施策ノ実行ニ努メ」，「軍国的思想及施策ヲ払拭シ平和国家ノ建設ヲ目途」とする方針として，戦後の教育を進めていくことが記されている。これをもとに旧法前文では，第二次世界大戦への強い反省から，「われらは，さきに，日本国憲法を確定し，民主的で文化的な国家を建設して，世界の平和と人類の福祉に貢献しようとする決意を示した。この理想の実現は，根本において教育の力にまつべきものである」とし，そのために「個人の尊厳を重んじ，真理と平和を希求する人間の育成を期するとともに，普遍的にしてしかも個性ゆたかな文化の創造をめざす教育を普及徹底しなければならない」と述べている。

この前文について二つの点で現代の我々は注目するべきである。一つは，戦前の社会体制への反省により新しい社会を創出する希望に基づいて，「教育基本法」が出されている点。そしてもう一点は，その社会の要請を「**教育の力**」により達成しようとする点である。

旧法は教育について，教育の目的を「**人格の完成**」をめざし，「平和的な国家及び社会の形成者として，真理と正義を愛し，個人の価値をたつとび，勤労と責任を重んじ，自主的精神に充ちた」国民の育成と定めた（第１条）。この第１条については，高橋誠一郎文部大臣（当時）が「新時代に即応すべき教育の理念」であると説明している。そして教育が「学問の自由を尊重」し，「実際生活に即し，自発的精神を養い，自他の敬愛と協力によつて，文化の創造と発展に貢献する」ことをその方針とした（第２条）。旧法ではその他に，教育の機会均等（第３条），男女共学（第５条），政治と宗教の教育に関する中立性（第８条・第９条），教育行政の独立（第10条）を規定した。ここに取り上げたのは，特に戦前の教育制度への反省から出てきたものであり，その内実は戦後社会における戦前への反省と平和国家建設のための要請であったことを理解する必要がある。

（２）「教育基本法」の改正――現行法の成立

旧法は2006（平成18）年に，科学技術の進歩や情報化・国際化の促進，少子高齢化の進展，家族の在り方といった社会環境の変化により，旧法の持つ「普遍的な理念」を継承しつつ，「今日特に重要と考えられる事柄を新たに定め」た内容に改正された（伊吹文明文部科学大臣（当時）談話）。

この新たに加わった内容においてまず注目すべき点としては，前文である。前文には，「公共の精神を尊び，豊かな人間性と創造性を備えた人間」の育成を教育に期待していることを示し，旧法にはない「**公共の精神**」が教育によって育成される期待を示している。

また，第２条の教育の目標には，⑴幅広い知識と教養を身に付け，真理を求める態度を養い，豊かな情操と道徳心を培うこと，⑵個人の価値を尊重して，創造性を培い，自主及び自律の精神を養うとともに，職業及び生活との関連を重視し，勤労を重んずる態度を養うこと，(3)正義と責任，男女の平等，自他の敬愛と協力を重んずるとともに，公共の精神に基づき，主体的に社会の形成に参画し，その発展に寄与する態度を養うこと，(4)生命を尊び，自然を大切にし，環境の保全に寄与する態度を養うこと，(5)伝統と文化を尊重し，それらをはぐくんできた我が国と郷土を愛するとともに，他国を尊重し，国際社会の平和と発展に寄与する態度を養うことを定めている。

ここにみられる問題意識は，現代的課題として捉え直すと，第1号は21世紀になってもいまだに減ることのないいじめなどの未成年の「問題行動」に対して，教育による道徳心の涵養の必要性を述べたもの，第2号は高度情報化社会において，主体的な問題発見・問題解決能力につながるような創造性の必要性を述べたもの，第3号は青少年の公共性への意識不足に対する批判から出てきたものであり，さらに第4号は戦後の経済成長に伴い日本で数多く発生した公害，そして地球温暖化といった環境意識の高まりを示すものであり，第5号はグローバル化した社会だからこそアイデンティティとして日本という国家への郷土愛を求めるということが示されている。

これらの社会的課題が，すなわち今後教育において解決が期待されていることであり，その課題意識を持ち，その解決を目指す人材を育成していくことが，現代の教育に求められているということである。

（3）社会構造の多様化という視点から「教育基本法」を考える

また，時代的要請という観点からは，社会の複雑化に伴う社会構造の変化により，生涯にわたって学習に取り組むことが不可欠な時代になってきていることを反映し，第3条に生涯学習の理念が規定された。また，2003（平成15）年に出された中央教育審議会の「新しい時代にふさわしい教育基本法と教育振興基本計画の在り方について（答申）」では，「少子化や親のライフスタイルの変化等が進む中で，過干渉・過保護，放任，児童虐待が社会問題化するとともに，親が模範を示すという家庭教育の基本が忘れ去られつつあるなど，家庭教育の機能の低下が顕在化している」と指摘され，「父親の家庭教育へのかかわりが社会全体として十分ではない」と解説された家庭教育支援のための国及び地方公共団体の責任という社会的要請を反映させた家庭教育についての第10条が設立され，さらに幼児期の教育の重要性とその振興について規定した第11条，学校・家庭・地域の連携により教育を充実させていくことを規定した第13条などが設立された。

このように捉えると，この「教育基本法」の規定している内容については，教員を目指す皆さんにとって，まさに当事者的課題になりうるということが理解できるだろう。

3　道徳教育をめぐる変遷

（1）現代の道徳教育のルーツを考える

日本は2017（平成29）年の学習指導要領の改訂において，それまで「道徳の時間」として位置づけていた学校における道徳教育を「**特別の教科　道徳**」として，教科に位置づけた。

この改訂のきっかけは「いじめの問題への対応であり，生徒がこうした現実の困難な問題に主体的に対処することのできる実効性ある力を育成していく上で，道徳教育も大きな役割を果たすことが強く求められた」ためであるとしている。そして「今後グローバル化が進展する中で，様々な文化や価値観を背景とする人々と相互に尊重し合いながら生きることや，科学技術の発展や社会・経済の変化の中で，人間の幸福と社会の発展の調和的な実現を図ることが一層重要な課題となる」とし，そのようなグローバル社会の中で「社会を構成する主体である一人一人が，高い倫理観をもち，人としての生き方や社会の在り方について，時に対立がある場合を含めて，多様な価値観の存在を認識しつつ，自ら感じ，考え，他者と対話し協働しながら，よりよい方向を目指す資質・能力を備える」ことが道徳教育の目標であるとした（文部科学省，2018a）。

では，この「特別の教科　道徳」は，どのような背景によって成立したのであろうか。

（2）戦前における道徳教育

日本の近代教育法制は1872（明治5）年の「学制」の公布によりはじまる。「学制」の小学教科の中には，修身がおかれ，下等小学の第8級から第5級に修身口授の時間が，週1～2時間設定された。

その後「学制」は廃止され，1879（明治12）年に「教育令」が制定され，道徳教育の役割を果たす修身が制定された。当初は教育課程の必修教科の末尾に掲げられていた修身は，翌年の改正教育令では筆頭教科になった。1881（明治14）年に制定された「小学校教則綱領」では，初等科・中等科で週6時間，高等科で週3時間が配当されるようになった。

1890（明治23）年には**「教育ニ関スル勅語」**（以下「教育勅語」）が公布され，ここに日本臣民がどのような道徳心に基づくべきかについて示され，「教育ノ淵源」が「国体ノ精華」にあるということと，「智能ヲ啓発シ徳器ヲ成就」し，「天壌無窮（てんじょうむきゅう）ノ皇運（こううん）ヲ扶翼（ふよく）」するために，公私の道徳や法令の順守をすべきことを述べており，この内容こそ，今も昔も国内外にかかわらず，日本人として間違いがないとしている。それゆえ，この「教育勅語」は，その後の戦前日本における修身の基本的な拠り所となっていった。

この「教育勅語」の成立により，修身への国家統制が強まることになり，1891（明治24）年には修身に教科書を用いることを文部省は通達した。「小学校教則大綱」にて定められた教えるべき徳目は，「教育勅語」が示す徳目とおおむね一致するものであった。1904（明治37）年には，国定修身教科書が用いられるようになり，第1期の教科書こそ，近代市民社会の倫理などにも配慮した内容であったが，その内容については忠孝道徳を軽視するものとの批判が出るようになり，1910（明治43）年に使用されはじめた第2期国定修身教科書では，天皇・国対に関する道徳や家族関係の道徳が増えることになった。以後，修身教科書は第5期まで出されることになるが，1934（昭和9）年から使用されはじめた第4期は国体観念を強調した。1941（昭和16）年に施行された「国民学校令」では教科の一つとして国民科が設置され，修身は国民科の筆頭教科とされた。その内容としては，「教育ニ関スル勅語ノ旨趣ニ基キテ国民道徳ノ実践ヲ指導シ児童ノ徳性ヲ養ヒ皇国ノ道義的使命ヲ自覚セシムル」（「国民学校令施行規則」）と定め，それに基づいて第5期国定修身教科書が作成された。

（3）戦後における道徳教育

第二次世界大戦後，日本ではこのような統制的な教育への反省から，道徳のような内面の教育には，国家は立ち入るべきではないという主張がなされた。「教育勅語」は，1948（昭和23）年6月19日の衆議院本会議で「教育勅語等排除に関する決議」がなされ，その中で，「教育勅語」の根本理念が「主権在君並びに神話的国体観に基づいている事実は，明らかに基本的人権を損い，且つ国際信義に対して疑点を残すもととなる」とその理由を説明している。そして，同日の参議院本会議では，「教育勅語等の執行確認に関する決議」が出され，その効力を失った。

また，1951（昭和26）年の教育課程審議会に出された「道徳教育振興に関する答申」においては，児童・生徒にとっての道徳的な側面が戦後の新しい教育体制の中で芽生えつつも十分でないことを踏まえ，その責任は学校教育全体にあり，教師はあらゆる機会でその向上を図るように指摘したうえで，「道徳教育振興の方法として，道徳教育を主体とする教科あるいは科目を設けることは望ましくない。道徳教育の方法は，児童，生徒に一定の教説を上から与えていくやり方よりは，むしろそれを児童，生徒にみずから考えさせ実践の過程において体得させて」いくやり方を取るべきであり，教科・科目化してしまうことについては，「修身科に類似したものになりがちであるのみならず，過去の教育の弊に陥る糸口となる」とし，「社会科その他現在の教育課程に再検討を加え，これを正しく運営することによって，実践に裏付けされた道徳教育を効果的に」行えると述べている。

しかしながら，1958（昭和33）年に「文化，科学，産業などの急速な進展に即応して国民生活の向上を図り，かつ，独立国家として，国家社会における確固たる地位を築く」ために学習指導要領が改訂され，その中で，「道徳の時間」が教育課程の中に特設され，学校の教育活動全体と「道徳の時間」とを関連づけて行うものとされた。この変化について時代的背景を踏まえると，1951年には少年の非行率が非常に高かったこと，1952（昭和27）年には占領が解かれ日本独自の法制を求める機運が高まったことという直接的な理由や，高度経済成長期における経済界の影響，そして米ソ対立にみられる政治的背景などが影響したものと考えられる。

しかしながらこの「道徳の時間」は，先に述べた戦前からの歴史的経緯を踏まえ，教育界に道徳教育そのものを忌避しがちな風潮があることや，他教科に比べて軽んじられていること，読み物の登場人物の心情理解のみに偏った形式的な指導が行われる例があることなどが課題とされて60年近くを過ごしてきた。

（4）「特別の教科　道徳」の誕生と課題

そこで，2014（平成26）年2月に，文部科学大臣から，道徳教育の充実を図る観点から，教育課程における道徳教育の位置づけや道徳教育の目標，内容，指導方法，評価について検討するよう，中央教育審議会に対して諮問がなされ，同年10月に「道徳に係る教育課程の改善等について」答申を行った。この答申では⑴道徳の時間を「特別の教科　道徳」（仮称）として位置づけること，⑵目標を明確で理解しやすいものに改善すること，⑶道徳教育の目標と「特別の教科　道徳」（仮称）の目標の関係を明確にすること，⑷道徳の内容をより発達の段階を踏まえた体系的なものに改善すること，⑸多様で効果的な道徳教育の指導方法へと改善すること，⑹「特別の教科　道徳」（仮称）に検定教科書を導入すること，⑺一人一人のよさを伸ばし，成長を促すための評価を充実することなどを基本的な考え方として，道徳教育について学習指導要領の改善の方向性が示された（文部科学省，2018a）。この答申を踏まえ，2016（平成28）年3月27日に「学校教育法施行規則」を改正し，「道徳」を「特別の教科である道徳」とするとともに，この「特別の教科　道徳」の時間において，「発達の段階に応じ，答えが一つではない道徳的な課題を一人一人の生徒が自分自身の問題と捉え，向き合う」「考える道徳」，「議論する道徳」になることを目指している（文部科学省，2018a）。

この「道徳」の教科化により，道徳が学習指導要領の中で教科として位置づけられることにより授業時間数の「量的確保」ができたことは評価することができる。その一方でその質の部分では二つの課題を含んでいる。すなわち文部科学省は「特定の価値観を生徒に押し付けたり，主体性をもたずに言われるままに行動するよう指導したりすることは，道徳教育が目指す方向の対極にあるものと言わなければならない」とし，「多様な価値観の時に対立がある場合を含めて，誠実にそれらの価値に向き合い，道徳としての問題を考え続ける姿勢こそ道徳教育で養うべき基本的資質である」と位置づけているが（文部科学省，2018a），では教科とした場合に，その内容をどうするのか，そしてその評価をどのようにするのかという２点である。

先にも示した通り，文部科学省によれば，「発達の段階に応じ，答えが一つではない道徳的な課題を一人一人の生徒が自分自身の問題と捉え，向き合う」ことについて考えたり議論したりすることがこの時間の中では求められている（文部科学省，2018a）。しかしながら，教科である以上，その内容22項目が学習指導要領に規定され，さらに教科として検定教科書を使い評価が行われる以上，その内容自体を問うことはできにくくなってしまうのも事実である。

教育内容においては，先にも触れたとおり戦前の強い反省から思想良心の自由を憲法19条で保障している一方で，国が「道徳」の内容を規定してしまうことは，国民の思想良心を制限してしまう可能性がありうるということになる。

また，文部科学省によればこの「道徳」の評価は，⑴数値による評価ではなく，記述式とすること，⑵個々の内容項目ごとではなく，大くくりなまとまりを踏まえた評価とすること，⑶他の児童生徒との比較による評価ではなく，児童生徒がいかに成長したかを積極的に受け止めて認め，励ます個人内評価として行うこと，⑷学習活動において児童生徒がより多面的・多角的な見方へと発展しているか，道徳的価値の理解を自分自身との関わりの中で深めているかといった点を重視すること，⑸道徳科の学習活動における児童生徒の具体的な取組状況を一定のまとまりの中で見取ること，として行い「発言や会話，作文，感想文」などによる評価や１年間の35時間の中での変化を評価することとしているが，道徳的な人間像自体の基準を国家が決め，そしてそれについて教師が評価するという仕組み自体についての問題性を問う声も多い。

また，社会状況が多様に変化する中で，たとえばいじめや自殺の問題，そして少年犯罪等問題行動の様態も多様化し複雑さを増していく。それらに適切に対応するためには，道徳教育の専門性を高めることも教員養成課程の中では求められるはずだが，現状ではその点も課題である。

4 「総合的な学習の時間」をどう捉えるか

（1）「総合的な学習の時間」とは何か

「総合的な学習の時間」とは，1996（平成８）年の第15期中央教育審議会答申において，子どもたちの「生きる力」の低下を指摘し，そのような力の伸長をきたして既存の複数の教科にまたがる内容の教科横断的・総合的指導の推進が主張された。それではなぜ「総合的な学習の時間」は導入されたのだろうか。

答申の中では，「その具体的な扱いについては，子どもたちの発達段階や学校段階，学校や地域の実態等に応じて，各学校の判断により，その創意工夫をいかして展開される必要がある」として，実施の形態・時期などについて，各地域・学校の裁量を大幅に認め，各学校の特色を生かした学習内容の展開を求めた。

この答申を受けて，1998（平成10）年の教育課程審議会の答申において，「総合的な学習の時間」が規定され，同年の学習指導要領の改訂において，既存の，教科・道徳の時間（小学校・中学校），特別活動に加えた第４の領域として新設された。

この「総合的な学習の時間」の指導の狙いとしては，自ら学び自ら考える力などの「生きる力」をもとにして，「国際化や情報化をはじめ社会の変化に主体的に対応できる資質や能力を育成するために教科等の枠を超えた横断的・総合的な学習」を行うことに設定し，そのために，「各学校が地域や学校の実態等に応じて創意工夫を生かして特色ある教育活動を展開できるよう」各学校に求めた（文部科学省，2018b）。

そして，そのテーマとしては，「国際理解，情報，環境，福祉・健康」の横断的・総合的な課題，児童生徒の興味・関心に基づく課題，地域や学校の特色に応じた課題などについて，自然体験やボランティアなどの社会体験，観察・実験，見学や調査，発表や討論，ものづくりや生産活動など体験的な学習，問題解決的な学習が積極的に展開されることが望まれた。

この「総合的な学習の時間」は，子どもたちの学びへの主体性を重視した活動である。21世紀に入り，インターネットの爆発的な普及により，知識は限られたところ，たとえば教師や本の中にしか存在しない状態から，誰もがアクセスしやすい状態へと環境が変化していった。それゆえ，この活動自体は，「知識基盤社会」において必要となる課題を自ら学び・考えることによって解決に導くことに効果があると考えられる。そして，先に挙げたような課題は，今後の社会情況，すなわちその子どもたちが大人になった時代において，緊急の課題であるとして設定されたものである。

（2）「総合的な学習の時間」導入による混乱と「ゆとり教育」

しかしながら，この新設は現場の教員たちに対して混乱をひきおこすことになった。この「総合的な学習の時間」における各領域の趣旨に対する理解を基にした学習目標や学習内容を設定しなくてはならず，またこの学習の成果は児童・生徒の主体性にかかわるため，児童・生徒の主体的関心を軸に展開するための高度な指導力が教師に求められた。さらに，そこで培った能力を具体的にどのように活用できるのかということは，特に導入期においては検証が難しい課題であった。

その結果，この「総合的な学習の時間」の導入により既存の教科の時間の削減と学校五日制の導入が，「ゆとり教育」と呼ばれ，学力が低下したという批判が絶えず行われた。この学力低下論は，OECD（経済協力開発機構）が実施している「国際学力到達度テスト」（以下 PISA 調査）の結果を受けて，日本の学力が大幅に低下しているという議論から始まり，この世代の学生は，「ゆとり」世代といわれ，社会的に「ゆとり」教育を否定する傾向が強かった。ただし，この「ゆとり」教育の成果については評価する研究も存在し，完全に否定されるべきものというわけではなかった。

このような背景のもと，導入後の2003（平成15）年の中央教育審議会で検証が行われ，目標や内容が不明確なままであることや，目指すべき力が身に付いたかの検証が不十分であること，教科との関連が十分に配慮されず，生徒の主体性や興味関心にもっぱらゆだねて，教師による適切な指導が行われていないという批判を受けた（中央教育審議会「初等中等教育における当面の教育課程及び指導の充実・改善方策について（答申）」）。また，2007（平成19）年にも学校間の成果の差が大きく，また学校において重複の取り組みが見られることや実際にその時間の活用について，当初の意図とは違う使い方をしていることへの批判がなされ，2008（平成20）年の学習指導要領の改訂において授業時数が削減された。

ところで，OECD は国際的な経済協力を目的とした国際機関であるが，近年のグローバル化により，教育・人材養成が労働市場や社会，経済と密接に関連していることから，その指標として PISA 調査を行っている。そしてこの PISA 調査は，逆に日本の子どもたちのもつ学力的課題が，「思考力・判断力・表現力等を問う記述式問題，知識・技能を活用する問題」にあることを指摘した。このような課題は，単に知識を集積するだけの「勉強」ではなかなか克服することはできず，この総合的学習の中で克服するべき問題である。それゆえ，この「総合的な学習の時間」で培われる能力自体については，その充実こそが今後の知識基盤社会が進行していく中では求められていくといえる。

（3）「総合的な学習の時間」の現代的意義

ところで「総合的な学習の時間」が目指したものは，現代だからこそ必要なのだろうか？　実は，「総合的な学習の時間」が学習指導要領で導入されるはるか以前から，日本には多くの自主的・実践的な同種の教育実践が存在した。

たとえば，明石女子師範学校教諭兼付属小学校主事であった及川平治（1875～1939）は，子どもの個性を無視した画一的注入主義教育を批判的に捉え，学級という集団を固定的に考えるのではなく，学習の課題や内容等に応じて「全級的」「分断的」「個別的」に，子どもたちに「独立研究の機会と方法」を与える「分断式動的教育法」を提案した。

また，奈良女子高等師範学校付属小学校主事の木下竹次（1872～1946）も『学習原論』（1923）において，「自律的学習」を主張した。これは子どもたち自身が，課題を学習する中で，実験や資料や教師からの指導のもとで学習を深めながら，相互に学習し，最終的に自らの学習に戻ることにより，自己の発展があるとし，それゆえ，「合科」的な学習，すなわち教科の枠にとらわれるのではなく，綜合的な学習へとつながっていくということを研究成果として述べたものである。

この二人の主張は，それぞれ100年以上前の日本の学校現場を踏まえた主張である。そして，このように現代的につながる教育実践はこの二人に限らず，日本には無数に存在する。このように捉えると，日本の教育現場には大正期から多くの現代の「総合的な学習」につながるような実践の蓄積や展開が根づいていたといえる。時代を超えてそれらの実践を踏まえて，「総合的な学習の時間」をどう発展的に充実させるかは，今後の日本の教育の発展のための課題である。

（4）「現代」の教育をどのようにとらえるか？

現代の我々にとってつながりがある，21世紀に入ってから日本の教育史上，大きな特徴のある変化を3点に絞って論じてきた。このように捉えてみると，現代の教育とは，近代以降の日本の教育の先に存在すると捉えられるだろう。それゆえ，断片的な観点からのみ現代の教育を論じるということに対しては，特に教師としては慎む必要がある。

近代以降の急速な工業化に伴う地球環境の変化は，人類に対して持続可能に発展できる社会の模索を必要としており，グローバル化が進む社会の中では，単一的な価値観から多様な価値観への理解を必要とするようになる。今後も教育の中で，これらの社会的課題について様々な形で取り入れられていくことが予想される。

さらに，AI 技術に代表される情報化社会の発展は，教育方法においても，新たな提案がなされることが予想される。

教師とは社会と深く結びついた存在であり，過去から学ぶことが未来のための教育を創っていくきっかけになるのである。

学習課題　①「教育基本法」の各条文が示す内容について，今後教師としてどのように対応していけばよいか考えてみよう。

② 未来の日本の諸課題に対応するために，子どもたちには今後どのような力が必要になるか考えてみよう。

引用・参考文献

貝塚茂樹『戦後日本と道徳教育――教科化・教育勅語・愛国心』ミネルヴァ書房，2020年。

辻田力・田中二郎監修／教育法令研究会著『教育基本法の解説』国立書院，1947年。

中野光・平原春好『教育学　補訂版』有斐閣，1997年。

福田誠治『競争やめたら学力世界一』朝日新聞社，2006年。

堀尾輝久『いま教育基本法を読む――歴史・争点・再発見』岩波書店，2002年。

文部科学省『今，求められる力を高める総合的な学習の時間の展開（中学校編）』教育出版，2010年。

文部科学省『中学校学習指導要領解説　道徳編』教育出版，2018年a。

文部科学省『中学校学習指導要領解説　総合的な学習の時間』東山書房，2018年b。

山崎英則ほか編著『MINERVA 教職講座　道徳と心の教育』ミネルヴァ書房，2001年。

第Ⅲ部

教育の思想

第7章

西洋教育思想の源流

本章では，教育に関する思想，特に西洋の代表的な教育家の思想について概観する。現代の日本にも大きな影響を及ぼした西洋文明の起源が古代ギリシアとローマに求められるのと同様に，西洋教育思想も古代ギリシアとローマに始まるとされる。西洋教育思想の源流としてのギリシア，そしてローマから，代表的な教育家の思想を取り上げてみたい。しかし，この時代に現代の私たちが考えるような教育の専門家としての教育家はまだ存在せず，もちろん義務教育学校や制度もなく，教育学という学問も成立していない。だが，今からみる思想家は教育についても西洋教育の原点ともいえる重要な思考と，その結果としての思想を残している。まずは古代ギリシア，そしてローマへとつながる教育思想の本質的なポイントについて触れたうえで，古代ギリシアの思想家，ソクラテス，プラトン，イソクラテス，アリストテレス，そして古代ローマの思想家，キケロー，クインティリアヌスの思想について，その要点を押さえていきたい。

1　西洋教育思想の源流としての古代ギリシアとローマ

本書で扱う教育とは，言うまでもなく「人間」の教育である。ヒトという生物として生まれた単なる人を，人間へと，さらに「人間らしい人間」へと教育していくことについての思考の成果が，教育思想である。

しかし，そもそも「**人間らしい人間**」として「人間」と呼ばれる人間とは，はたしてどのような人間なのだろうか。人間とは何か？　こうした本質的な問いは，古代ギリシアから始まった。

生物あるいは動物としてのヒトが，他の動物と同じように，ただ育てられる，あるいは育つだけで一人前の成体（大人）となるのなら，特に教育，とりわけ「教える」という営みは必要ではない。ここで「教育」とは，人間だけがもつ「教える」という働きに重点を置いた言葉である（安藤，2018：70～83）。

たとえばカエルは，教育がなくとも自然に似ても似つかないオタマジャクシから蛙となる。蛙の子は蛙である。犬や猫も，親からある程度まで育てられて育つとはいえ，特に教育されなくとも，自然に大きく成体となる。カエルに対して「蛙らしい蛙」になれとか，イヌに対して「犬らしい犬」になれとか，ネコに対して「猫らしい猫」になれとか言う必要はなく，これらは教育されなくとも，自然に蛙性や犬性や猫性を備えて蛙や犬や猫となる。今日では当たり前の教育専門機関「学校」に通う必要もない。メダカもスズメもそうだが，なぜか日本の童謡によると，この二つには学校があるらしい。もちろんファンタジーである。ところが人間の場合はどうであろう。

ヒトとして生まれた赤ん坊が，人，そして人間，しかも「人間らしい人間」へと成長するには，教育が必要である。つまり，人間が「**人間性**」を備えた「人間らしい人間」へと成熟するには，教育が不可欠なのである。

こうした人間への問い，人間性への問いが明確に発せられたのが，古代ギリシアであった。人間が自らを「人間」として自覚し，意図的意識的教育が開始されたのである。では人間とは何か，人間性とは何か，人間らしさとは何か。

プラトンは『定義集』の中で人間を，「羽のない，二本足の，平たい爪をもった動物。存在するもののうち，ただこのものだけが，推理に基づいた知識を得ることのできるもの」（プラトン，1975：24）と描いた。しかし，不幸にも足を奪われた人は，もはや人間ではないのであろうか。私たちは形式的な外形だけではなく，普通「人間性」という内容を備えた「人間らしい人間」のことを「人間」と呼ぶであろう。問題は，人間をして人間と言わしめる性質，すなわち人間「性」であり，人間「らしさ」である。人間性もしくは人間らしさが人間という外見の内側から働き出てこそ，人間は「人間」の名に値する。もちろんプラトンも推理能力，すなわち論理（logos）の力を人間性として含めているが，これは次節でも触れる。

形としてあるだけのヒトや人に人間性を吹き込むのが教育である。同じくプラトンは，こう述べている。「教育すること。教養を与えること」（プラトン，1975：33）。「教養。魂を医療しうる力」（プラトン，1975：32）。「魂。自己自身を動かすもの（＝自己自身で動くもの）。生あるものの生命活動の原因」（プラトン，1975：4）。魂とはアニマ（アニメーションの語源）で自己自身を動かすもの，つまり私たちの生命そのものであり，換言すれば心でもある。教育とは，単に身体的な食物等のみならず，そうした人間としての魂を癒す力としての教養を与えるものである。ただの動物として生きるのではなく，魂あるいは心を備えた人間として善く生きる。そのためには，人間としての心と魂を癒し潤す栄養となる**教養**が必要である。教養は教育によって与えられる。教養も教育もギリシア語では**パイデイア**（παιδεία）と呼ばれていた。これがローマに伝わるとラテン語で**フマニタス**（humanitas）となる。これは英語の humanity の語源で，人間性，人間らしさ，教養といった意味をもつ。こうした人間性，人間らしさ，教養を備えた人間のことを「人間」というのであり，そうした人間を教育することを本気で考え始めたのが，古代ギリシアの思想家たちであったことを，まず覚えておこう。

2　古代ギリシアの教育思想

（1）ソクラテス

「**無知の知**」を説いたソクラテスの名を知らない人はいないだろう。ソクラテスの言行は，その弟子であったプラトンによって伝えられている。「無知の知」「魂の配慮」「善く生きること」は，ソクラテスの思想を代表するキーフレーズである。

ソクラテスは，いわば覚醒型教師である。相手との言葉（logos）による論理的対話（dialogos）を通じて，正義とは何か，徳とは何か，などと問い続け，最終的には誰もその答えを知らないことを自覚させ，いよいよ正義とは何か，徳とは何か，という探究へと各自を覚醒させていく教師である。このとき人は自分が知ったかぶりをしていただけで，じつは何も知らなかったのだということに嫌でも気づかされる。そして覚醒させられて，知を愛する哲学（philosophia：

philo「愛する」と sophia「知」からなる）へと誘われていく。覚醒する人が教師・ソクラテスであり，覚醒させられるのが生徒としての青少年である。哲学の火が魂に点火された若者は知への愛（eros）とともに，やがて自らの内でも自己内対話を繰り返す習慣を身につけ，また対話の相手を求めて覚醒型教師としての大人となっていく。ここで教育とは産婆にも似た営みである。対話によって相手の内側に眠っていた答えや探究心を引き出す役割である。教育と訳される education の語源はラテン語の educere にあるが，これも ex（～から）ducere（引き出す）という意味を，育てるという意味と同時にもっている。まさにソクラテスは生徒の中から貴重な「何か」を引き出し，「無知の知」の自覚を通じて，彼らを覚醒させる教師であった。このように若者たちの「魂の配慮」をすることで，「**善く生きること**」へと導いていこうとしたのがソクラテスであった。善く生きるとは，言うまでもなく，教養を備えた人間として「人間らしく」生きることに他ならない。人間性を備えた人間として生きることである。

ただし，このようなソクラテスの企ては長くは続かなかった。当時の時代状況など様々な原因が考えられるが（菱刈，2013：28），「無知の知」を知らしめられて謙虚に哲学へと向かう人々は今でも少ない。多くはプライドを傷つけられたと思い，逆恨みするのが世の常であろう。ソクラテスは死刑にあってしまう。

（2）プラトン

真に愚かで無知な人々は「教え」を素直に受け取るどころか，むしろ牙をむいて哲学に反逆してくることを，ソクラテスの弟子であったプラトンは目の当たりにした。プラトンは『国家』や『法律』や『饗宴』など，様々な著作の中で教育について語っているが（詳しくは菱刈，2013：28～36参照），それは約言すると「魂の向け変え」である。プラトンの思想や哲学を一言で表すキーワードとしてイデア論が挙げられる。私たちが今ここに身体を備えて生きている世界は，私自身を含めていつかはなくなるものである。しかし，自己自身を動かすものとしての魂は不死であり，これはかのイデア界に属している。しかし，そこに至るためには教育が必要である。

プラトンは魂の三部分説を唱えた。魂は理知的部分，欲望的部分，気概的部分の三つから成り立っている。それぞれが，馭者（知性・理性），血筋の悪い馬（欲望），血筋の善い馬（気概・意志）というたとえで示される。問題は，馭者である知性あるいは理性すなわちロゴスが，身体の重要部分である欲望や意志を，つまりなかなか一致し調和しない二頭の馬をうまくコントロールしていけるか，である。このためには教育が必要である。

図７−１　古代ギリシアの学校
文芸や音楽も学ばれていた。

まず欲望に引き回されて堕落することのないように，魂の全体的な状態を調和のとれたものにするための教育。これは準備教育としての倫理的段階である。ここで倫理とは，その人の生まれもった性格であり，それをできるだけ調和のとれた穏やかなものにすることである。これには音楽や文芸，そして体育がカリキュラムとして有効である。現代の教育学（pedagogy）の語源とされる**パイダゴーゴス**（子どもを導く者）に連れられてアテナイの子どもたち――もちろんすべての子どもではなく市民権を得た者の子弟である男子のみ――は６歳頃から個人の塾や学校（図７−１）などの教育所，さらにギムナシオン（体育訓練所であり知的教育も行う施設，ドイツの学校ギムナジウムの語源）に通うことになるが，この倫理的段階の後に，本格的教育としての知性的段階が始まる。算術，幾何学，天文学，音楽理論といった学科，および哲学的な問答法（対話）をマスターした者が，真の哲学者，つまり教育によって教養を備えた支配者としてふさわしい者となる。彼は，この世にありながら魂をイデア界に向けている。**「魂の向け変え」**を心がける者だけが，つまり哲学者のみが支配者にはふさわしい。

このようにプラトンは魂の三部分説を，「金の種族」たる支配者，「銀の種族」たる補助者や軍人たち，「鉄と銅の種族」たる農夫やその他の職人たちと現実に対応させ，イデア界にある絶対的真理を知ろうとする哲学者のみが支配者にはふさわしいとした。これは「無知の知」を説いて結局は死に至った師・ソクラテスからの教訓もあろう。ともかく哲学者へ向けての世界初の教育課程を考案したのはプラトンであり，このように絶対的かつ普遍的なイデアのようなもの――善そのものとか美そのものとか――を想定し，これを基礎として思考を展開するスタイルを「**基礎づけ主義**（foundationalism）」と呼ぶことがあるが，まさにプラトンは基礎づけ主義の教育思想家の第一人者といえるであろう。アカデメイアという学校を開いて，プラトンはその実践に従事した。

魂が不死であり，魂の故郷であるイデア界が存在することの理由として，プラトンは『メノン』の中で，いわゆる想起説を示している（菱刈，2013：30）。これは教育思想としても興味深い。幾何学的な定理をまったく知らない少年は教師との対話や問答を通じて，自ずと幾何学の定理に行き着く。何も教えていないのにもかかわらず。つまり何も知らないはずなのに，すでに知っていた。これは魂が不死であり，この世に肉体を備えて生まれてくる前のイデア界で，すでにあらゆることを学んでしまっているからだ。こういう物語である。答えはすべて自分自身の中にある。知ろうとする探究心――哲学する心――を教師は言葉や論理，つまりロゴスによって覚醒させればよい。教師が教えることは少なく，生徒は自ら学ぶ。こうしたプラトンの教育思想は，教育が過剰な現代においてこそ，大いに参考とすべきであろう。

（3）イソクラテス

プラトンが哲学へ向けた学問志向のカリキュラムを提案し，その背景にはイデア論を基盤とした基礎づけ主義の教育思想があるのに対して，当時の同じアテナイでは，弁論術を中心として現実生活に根ざした文学的修辞学的教養を重視する教育家もいた。それがイソクラテス（Isokratēs，BC436～BC338）である。プラトンが数学的トレーニングを経た哲学による知恵に重点を置いてエリートを育てようとしたのに対して，言葉による弁論を通じて広く人間性あふれる人間を教育しようとしたのがイソクラテスである。後にヨーロッパにおける教育システムは，**リベラルアーツ**（自由学芸）を基本的なカリキュラムとして展開していくが，その源流にあるのが，プラトンおよびイソクラテスの教育思想であり，その実践である。

簡単に自由学芸（ラテン語で artes liberales）とは，自由人，つまりもともと古代ギリシアにおける奴隷ではない自由人を形成するための学芸のことであり，それには先のプラトンが挙げた科目が含まれていた。それはやがて七つの自由学芸に整理されていく。文法，修辞学，弁証法（論理学）の三つ（三学：トリヴィウム）と，算術，音楽（理論），幾何学，天文学の四つ（四学：クウァドリヴィウム）である。後者四学はプラトンのアカデメイアにおける数学的哲学的教養につながるのに対して，前者三学はイソクラテスの修辞学校における文学的修辞学的教養につながる。次節で取り上げる古代ローマの**キケロー**（Marcus Tullius Cicero, BC106～BC43）は，このイソクラテスのパイデイアを主に引き継ぎ，パイデイアをフマニタスと訳し，レトリック・ヒューマニズムの伝統の始原に位置することになる。それは西洋教育の伝統として今でも受け継がれている。

プラトンの学校がいよいよ実社会から離れた**スコレー**（余暇：哲学的討論や論理学や数学などの教育に用いる自由時間，スコラつまり学校の語源）の場になっていくのに対して，イソクラテスの学校は実生活で役に立つことを教えようとする，より現実的なものであった。

イソクラテスは学識ある弁論家という後のキケローにもつながる理想的かつ具体的な人間像を描いた。「大事なことは，理念の天上に昇ることでも，逆説を使って曲芸をすることでもない。生活上の行動が必要とするのは，何も意外な新しい考えではなくて，確かめられた良識，伝統のもつ良識なのである」（マルー，1985：112）。実社会において人と人とを人間らしい人間として結びつけるのは「言葉」である。しかも適切な言葉を語りかつ記せるということは，まともな思考のしるしでもある。ゆえに弁論術の訓練をイソクラテスは人間教育の第一とした。

（4）アリストテレス

万学の祖ともいわれるアリストテレスはプラトンの学校アカデメイアで学んだ。後のアレクサンドロス大王の個人教師も務める。アテナイではリュケイオ

図7-2　アテナイの学堂

ルネサンス時代のラファエロによる絵画。右は拡大図。中央向かって左手にプラトン，右手にアリストテレスが描かれている。プラトンは右手を天に向け，アリストテレスは右手を地に向けている。ここにはアルキメデスなど当時の学者たちが多く描き込まれている。

ンという学校を創設した。師プラトンとの大きな違いは，アリストテレスが生物学や自然学に興味をもち，プラトンのイデア論に代表されるような形而上学的なもの――天上的なもの――よりも，むしろそれも含めて現実的なもの――地上的なもの――に関心を示したことに求められよう。中でも教育に関しては，『ニコマコス倫理学』や『政治学』で多く触れられている。

「人は三つのものによって善くて有徳な者になる。その三つとは生まれつきと習慣と理である」（アリストテレス，1961：342）。現代でも教育における遺伝的な要素はけっして無視できるレベルのものではないことが明らかとなりつつあるが（安藤，2018：135），アリストテレスは奴隷制が当たり前の古代ギリシアにおいて，すでに生まれつきの資質や能力，つまり**自然本性**（natura）には個人差があることを前提にしている。しかし，生まれつきの資質や能力もそのままでは開花することはない。そこで大切なのは習慣（habitus）と理（ratio）つまり教えることである。

アリストテレスは人間らしい人間がもつ優れた特性すなわち徳（aretē）を知的なものと倫理的なものの二つに分ける。知的な徳とは，要するに頭のよさであるが，倫理的な徳とは，要するに人柄すなわち性格のよさである。倫理とはエトスの訳であるが，これは習慣という意味も併せもつ。よい人柄や性格は，日々繰り返しよいことを行う習慣づけによって形成されていくということである。これは今日の**道徳教育**についても当てはまる基本的かつ重要な思想といえよう。

しかし人間は日々繰り返すうちに，徐々に悪しき習慣に陥ってしまうこともある。むしろ食べ過ぎてしまう，飲み過ぎてしまう，たばこがやめられないなど，現実には「わかってはいるがやめられない」様々な悪しき習慣が蔓延している。そこで必要となるのが理，つまり理性や知性による教えである。今日の道徳教育でいえば，日頃の習慣になった日常を振り返って，ふと感じ，気づき，そして考えることである。この考えること——思考——の中で理が作動する。教えが生きてくる。真に教えが教えとして生きて思考として作動すれば，悪しき習慣を修正しようとするであろう。こうして理によって自己を律する者——自立する者——は徐々によい習慣を身につけ，よい人柄と性格をもった人間となっていくであろう。アリストテレスの現実的な教育思想は，特に道徳教育において，今日の私たちにとっても参考となる視点を多く提供してくれている。

しかし，「わかってはいるがやめられない」のが人間の性（さが）だとすれば，どうなるのか。自分ではもはやどうしようもない人間，これも現実の人間のリアルな姿である。こうした問題については，次章の中世から登場するキリスト教という宗教が担当するであろう。言うまでもなくアリストテレスの時代にイエスは誕生していない。それでも宗教改革者ルターは，よい行いが善い人を作る，つまりよい習慣が善い人を作るといったアリストテレスの倫理学を批判した。キリスト教信仰という次元からすると，まずは人間の生まれつきが神という超越的な力によって変容させられない限り，善い人にはならないし，なれないという確信である。これは同じく，現代に生きて道徳について語る私たちにも大きな問題提起となるであろう。

最後にアリストテレスは，特に音楽が自由人としての市民にはふさわしい科目であるとして推奨している（菱刈，2013：49）。教育は理よりも先によき習慣によって，精神よりも先に身体についてなされなければならない。

今日の小学校や中学校のカリキュラムにみられる科目のほとんどが，こうして古代ギリシア時代を代表する思想家たちによる考えに基づいて考案されていたことをみて，それがはるか時代的にも空間的にも文化的にも隔たった現代日本の私たちにも大きな影響を及ぼしていたことを，あらためて知るのである。

3　古代ローマの教育思想

（1）キケロー

古代ローマは古代ギリシアを征服し，ここから多くの文化を吸収したが，よくいわれるように，実際には学芸においてはむしろ逆に，ギリシアによってローマが征服されたといってもよい。古代ローマ時代の子どもたち――もちろん市民権を得た人々の男子子弟――の多くは読み書きや計算を学ぶくらいで，裕福な家庭の子どもだけが上級の私立学校に通い，ラテン語やギリシア語の文法や文学を学んだ。特にギリシア語に堪能なことは，文化的にはるかに進んだギリシア的パイデイアを備えていることの証であり，そのステータスシンボルでもあった。

古代ローマにおける代表的な教育思想として挙げられるのは，すでに触れたキケローのものである（菱刈，2013：50～58）。弁論家，政治家，哲学者として活躍したキケローは，これもすでに述べたように，イソクラテスの伝統を引き継ぎ，言葉の修練を教育の第一として掲げた。洗練されたラテン語による弁論や作文は，中世以降そして近現代に至るまで，ヨーロッパのエリート中等高等学校での主要科目ともなり，やがて些末なラテン語文法等の形式ばかりを重視して若者の頭脳を疲労させる風潮から，**キケロー主義**（Ciceronianism）として揶揄されもした。

政治家としても活躍したキケロー。政治とは言葉によって相手を説得し動かすことであるから，言葉のトレーニングである弁論術と修辞学の修得は必須である。しかし，それ以前にキケローにとって言葉こそは，人間性（フマニタス）の証明であった。「ほかの人々は人間と呼ばれているが，ほんとうに人間であるのは人間性に固有の学術によって磨かれた人々だけである」（キケロー，1999b：28）。「私的な閑暇にあっていかなる点でも粗雑さのない聡明な談話ほど，心地よいもの，いや，真の人間性に固有のものが他にあるだろうか。というの

図 7-3　ローマ時代の学校（200年頃）

髭を生やした教師が中央にいる。すでに二人の生徒がいる。一人の生徒が遅れてきて挨拶しているようにみえる。

も，互いに言葉を交わし，感じたこと，思ったことを言論によって表現できるという，まさにその一点こそ，われわれ人間が獣にまさる最大の点だからである」（キケロー，1999a：18～19）。この「人間性」とは，すでに述べたようにキケローの造語とされる humanitas の訳であり，彼の理想的人間像，すなわち「学識ある（完璧な）弁論家（doctus（perfectus）orator）」の本質を完全に示す用語である。人間をして「真の人間」たらしめるもの。その内容としては，教養，学問・学芸・学術の知識，節度，親切，思いやり，礼儀正しさ，などを含み込むが，この人間性は「人間性に固有の学問によって磨かれ」てはじめて実現される，という箇所に特に注意しよう。つまり，さまざまな学芸を通じて人間性は陶冶される。キケローは徳（virtus）の模範をローマから，そして学芸の模範をギリシアから取り入れなければならないというが，その際，自由学芸，歴史，法学，哲学という学科は，学識ある弁論家すなわち真の人間にとって必要不可欠のものとされる。晩年は，特に哲学をより強調する傾向があった。むろん，このようなキケローにおいて，自由学芸の修得が哲学的教養の絶対的な前提である。つまり学識ある弁論家となるには二つの段階がある。第一段階は初歩的基礎的なもので，学校で与えられる子どもの教育。第二段階は，大人が修得する高度な教養。リベラルアーツはもちろん第一段階に相当し，ここには文法・修辞学・弁証学といった文学的諸学科と，算術・幾何学・天文学・音楽といった数学的諸学科の，合計七つの学科がすでに含まれている。その後も弁論家としてより人間的（humanior）となるために，歴史・法学・哲学といった高度な学問の修得が勧められるというわけである。さらにキケローは自由学芸をよき学芸とも換言している。

さてキケローの掲げる理想的人間像としての「**学識ある弁論家**」とは，弁論と哲学とが総合された人物を指す。政治的な現実社会に生きたキケローにとって「弁論なき叡智」は政治的に無力であり，「叡智なき弁論」はあらゆる意味で無益であった。学識ある弁論家にとって，哲学と弁論はともに必要不可欠である。とはいうもののキケローは弁論を組み立てて実際に行うための規則と技術を扱う修辞学に対して大きなウエイトを置いた。このキケロー的修辞学の伝統が，その後もヨーロッパのエリート中等高等教育に根強い影響を及ぼすことになることは，すでに述べた。

（2）クインティリアヌス

キケロー崇拝者でもあった**クインティリアヌス**（Marcus Fabius Quintilianus, 30頃～100以前）は，古代ローマ最大の修辞学者である。その『弁論家の教育』に，彼の教育思想が記されている。ただし，弁論術の訓練についての見識もさることながら，それ以前に，アリストテレスも強調していた教育の前提となる生まれつきや習慣について，クインティリアヌスは今日の私たちにとっても大変興味深い思想を綴っている。

> 子供たちのうちにはきわめて多くのことへの希望が輝いています。その希望が年齢とともに消え去るとすれば，明らかに素質ではなく教育上の配慮が欠けていたのです。「しかし才能には人により優劣の差がある」〔という人もいるでしょう〕。私もそのことを認めます。しかしそれは達成度の違いということです。努力によってなんの成果もあげなかったような人は一人も見いだされないのです。　（クインティリアヌス，2005：13～14）

このように彼は述べて，教育の可能性に大きな期待を寄せている。しかし

「たしかに乳母の性格を考慮することのほうが疑いもなく先ですが，乳母はさらに正しくしゃべるべきなのです」（クインティリアヌス，2005：14）とも記し，私たちが幼少期に無意識の内に悪しき習慣を吸収してしまうことへの警告を発している。とりわけ悪い「言葉」に馴染んではならない。ここでもよい言葉こそが，善き人間の証であることが繰り返し語られることになる。また子どもを勉強嫌いにさせない工夫についても，愛情深く記している。

> なによりもまず，いまだ勉強が好きになれない子供が勉強を嫌いになり，一度味わった勉強のつらさに幼年期を過ぎてもしり込みすることのないように用心しなければならないでしょう。子供の勉強には遊びが必要です。質問してはほめてやり，うまくいったときにはいつも子供が喜びをおぼえ，本人が嫌がるときにはほかの子を教えてやって嫉妬をおぼえるようにさせなさい。時には競争させ，自分のほうが勝ったとしばしば思わせなさい。さらに，その年齢の子が欲しがるご褒美でやる気を出させなさい。
>
> （クインティリアヌス，2005：18〜19）

現代でも子どもの教育に十分通用するような「わざ」についても，クインティリアヌスは細かく記している。

さらに当時としては画期的な**体罰の禁止**や，教師としての在り方，振る舞い方についても言及している。生徒に対しては厳しくとも冷酷であってはならず，親しくともなれなれしくしてはならない。できるだけ怒ってはならない。正されるべきことに目をつむってはならない。わかりやすく，粘り強く，質問には喜んで答え，質問しない生徒にはこちらから尋ねること。ほめる時には，なおざりにほめてはならず，また度を越してもならない。前者は勉強嫌いにさせ，後者は自惚れさせるから。ほめてばかりの教育はありえない。生徒の過ちを咎める時は，辛辣に口汚く叱ってはならない。生徒が勉学意欲をなくしてしまうからである。教師自身が弁論を語り，生徒の模範とならなければならない。きちんとした教育をしていれば生徒は教師のことを好きになり，尊敬し，やがて模倣するようになる等（菱刈，2013：63〜64）。クインティリアヌスが残した教育思想には，現代の私たちにとってもきわめて興味深く参考となるものが多く含まれている。時代と社会を超えて，ここに同じ人間として共通し共感するものを，誰しもが感じ取るであろう。

最後に生まれつきと教育の関係について，彼はこう述べている。「要するに，素質が教育の素材であり，教育は形づくり，素質は形づくられるわけです。素材なしに技術はありませんが，技術がなくても素材には価値があり，究極の技術は最高の素材にまさるわけなのです」（クインティリアヌス，2005：222）。つまり究極の技術としての教育が優れていれば，人それぞれ価値のある素材たる資質や能力も，人それぞれ十分に成長・発展させられる可能性があることが，ここで強調されている。クインティリアヌスは，優れた教師の特徴は子どもの一人ひとり違った素質の違いを見抜く点にある，という。「私は，生まれつきもっているよい性質は捨て去るのではなく発達させねばならず，欠けている部分を加えるべきだと考えているのですから」（クインティリアヌス，2005：169）。すべての子どもに同じことを強制的に押しつける教育ではなく，人それぞれの素質や生まれつきに見合った教育を，究極の技術として実践していけるかどうかは，現代日本の私たちにとっても永遠の課題であると言わざるをえない。

以上，古代ギリシアとローマの教育思想が，今ここに生きる私たちにも途絶えることなくつながっていることが確認できたであろう。ストア派の哲学者セネカ（Lucius Annaeus Seneca，BC4頃～65）の名言としてよく知られたものを紹介して，本章を締め括ろう。暴君として知られるネロ皇帝の家庭教師を務め，しかもネロによって死刑に処せられたセネカ。「**私たちは学校（学派）のために学ぶのではなく人生のために学ぶ**（Non scholae sed vitae discimus）」（セネカ，2006：268）。「人は教えながら学ぶ（教えている間に教えられている）（Homines dum docent discunt）」（セネカ，2005：21）。セネカの『倫理書簡集』には，今でも私たちの座右の銘にしたい言葉があふれている。

西洋において古代ギリシアとローマの作品は，いずれもこうした教養を豊かに貯蔵した古典と考えられ，これらの作品からフマニタスを学ぶことを通じて「人間」を教育しようとする試みは，**人文主義**（humanism）の伝統を形成していく（安酸，2018：5～18）。ヒューマニズムとは第一に人文主義のことである。

この後，時代はキリスト教とともに中世へと移る。

学習課題　① 「人間らしさ」とは何か。それはどうすれば教育できるのか。考えてみよう。話し合ってみよう。

② 古代ギリシアやローマの教育思想から現代の私たちが学べることは何か。考えてみよう。話し合ってみよう。

引用・参考文献

アリストテレス『政治学』山本光雄訳，岩波書店，1961年。

安藤寿康『なぜヒトは学ぶのか――教育を生物学的に考える』講談社，2018年。

キケロー，M. T.『キケロー選集 7 』大西英文訳，岩波書店，1999年a。

キケロー，M. T.『キケロー選集 8 』岡道夫訳，岩波書店，1999年b。

クインティリアヌス，M. F.『弁論家の教育 1 』森谷宇一ほか訳，京都大学学術出版会，2005年。

セネカ，L. A.『セネカ哲学全集 5 』高橋宏幸訳，岩波書店，2005年。

セネカ，L. A.『セネカ哲学全集 6 』大芝芳弘訳，岩波書店，2006年。

菱刈晃夫『習慣の教育――思想・歴史・実践』知泉書館，2013年。

プラトン『プラトン全集15』向坂寛ほか訳，岩波書店，1975年。

マルー，H. I.『古代教育文化史』横尾壮英ほか訳，岩波書店，1985年。

安酸敏眞『人文学概論――人文知の新たな構築をめざして（増補改訂版）』知泉書館，2018年。

第8章

教育思想の転換の始まり

中世の教育思想は，キリスト教の思想や神学の中で論じられている。そのような中でルネサンスは，14世紀のペトラルカによる「人間の発見」から始まる。それまでは，神や人間の外の世界に目が向けられていたが，人間そのものに目を向けるようになったのである。イタリア・ルネサンス期には，古代ギリシア・ローマの古典が再発見・再評価されたが，その古典研究の方法が15世紀後半にアルプス以北の国々に伝わると，聖書やキリスト教の古典も研究の対象となった。活版印刷術が発明され，聖書が印刷されると，神と人との直接対話が始まった。これが宗教改革を生み出すことになったのである。

ルネサンスの教育の醍醐味は，古代の著作家との直接対話にあった。しかしその一方で，16世紀には知識の量が増大する。モンテーニュは，知識に代わって「判断力」を人間教育の中枢に据えた。そして，17世紀には，もはやギリシア・ローマの古典を範とする必要がなくなった。教科書を編んで，知識を体系的に整理して教えることが中心となったのである。

1　中世の教育思想

（1）アウグスティヌスの回心

ヨーロッパでは，３世紀頃から７世紀頃にかけて，古代から中世に転換する移行過程を迎える。ローマ帝国の皇帝テオドシウス１世（在位379～395年）は，古くからの神々を廃し，392年にキリスト教をローマ帝国の国教に定めた。こうして，キリスト教はローマ帝国の国家宗教となったのである。

アウグスティヌス（Aurelius Augustinus，354～430）は，ローマ帝国が衰退し，キリスト教が公認の宗教として定着しつつあった時代に生きた。彼の母親は敬虔なキリスト教徒で，アウグスティヌスをキリスト教によって教育しようと気を配っていたものの，彼は母親の言葉に従わず，放縦な生活を続け，情欲にひたる。しかし，次第に自己の内面に目を注ぐようになり，悪の苦しみから救われようとし，葛藤で苦しむことになる。

アウグスティヌスの『告白』第8巻第12章には，386年に起こった庭での回心の場面が記されている。隣の家から，繰り返し歌うような調子で「とれ，よめ。とれ，よめ」という子どもの声が聞こえてきた。アウグスティヌスは，これは「聖書を開いて，最初に目にとまった章を読め」との神の命令に違いないと解釈した。そして読むと，「酒宴と酩酊，淫乱と好色，争いとねたみを捨て，主イエス・キリストを身にまといなさい。欲望を満足させようとして，肉に心を用いてはなりません」（「ローマの信徒への手紙」第13章第13～14節）という言葉と出会った。彼は続けて次のように書いている。「私はそれ以上読もうとは思わず，その必要もありませんでした。というのは，この節を読み終わった瞬間，いわば安心の光とでもいったものが，心の中にそそぎこまれてきて，すべての疑いの闇は消え失せてしまったからです」（アウグスティヌス，2014b：140）。アウグスティヌスは，回心の後，理性による思考の働きは，神の照明なしには，すなわち神の光に照らされることなしには真理に達することはできないと考え，「人は信じなければ，知ることはないだろう」という立場をとるようになる。

（2）アウグスティヌスの『教師論』

アウグスティヌスの『教師論』は，389年に書き上げられた。この作品は，聖書の中の「あなたがたの教師はキリスト一人だけである」（「マタイによる福音書」第23章第10節）という言葉から「教える」とか「学ぶ」ということについて検討したものである。アウグスティヌスは，「あなたがたは自分が神の神殿であり，神の霊が自分たちの内に住んでいることを知らないのですか」（「コリントの信徒への手紙　一」第3章第15節）などの言葉を用いて，学ぶ者が「神の神殿」であり，心の内にキリストを宿す存在であることに着目した。そして，キリストこそ教師であり，キリストが心の内面で教え給うという照明論を展開した。子どもは幼いながらも「神の神殿」であり，キリストを宿す存在であるという認識は，子どもを尊厳のある存在として認識する力をもつものであった。アウグスティヌスにとって，「ことば」などの感覚的経験的知識は，感覚を通して外部から得られるものであったが，外部からの知識について正しい判断をくだす判断の基準となる原理的知識は，教えられるものではなかった。教師は，外部からの刺激によって生徒が本来有しているものを彼らのうちに自覚させ，整えるのがその役目であった。真実が語られているかどうかを教えるのは「内なる教師」としてのイエス・キリストだけであった。このように捉えた時，教えるというのは，真理を語り，真理へと導く厳粛な神の業であることになる。

（3）『告白』から三位一体論へ

アウグスティヌスの『告白』は，三つの部分から成り立っている。第一の部分は，第1巻から第9巻までの自伝部分である。そこにおいてアウグスティヌスは，自らの罪と過ち，信仰を与えられるまでの魂の遍歴を赤裸々に告白し，神の計り難い偉大さを讃えている。これは「いまの私の罪は許されている」という安心に立脚するもので，自分を泥沼の中から救い出してくださった神の憐みと導きに対する感謝と讃美の告白となっている。

第二の部分は，第10巻で，現在の自己がいかなるものであるかを吟味している。アウグスティヌスは，身体的感覚的能力によっては神は見出されないとしながらも，記憶という「広大無限な奥の院」に神のましますことを感謝している。アウグスティヌスは，人間の内に記憶という広大無限なミクロコスモスがあることを発見したのだ。

第三の部分は，第11巻から第13巻までの旧約聖書「創世記」冒頭の天地創造の物語の注解で，世界と人間の起源を問うている。特に注目されるのは，「神は御自分にかたどって人を創造された」（「創世記」第1章第27節）ということばの解釈である。人間が神を受け入れるものとして造られたという認識は，『告白』の最初の部分（第1巻第1章）につながるもので，そこにおいてアウグスティヌスは，「あなたは私たちを，ご自身にむけてお造りになりました。ですから私たちの心は，あなたのうちに憩うまで，安らぎを得ることができないのです」と語る（アウグスティヌス，2014a：6）。そして人間のうちに神の似姿としての**三位一体**の映像があると考えたことは，後に三位一体について考察することへとつながっていく。

アウグスティヌスは，キリスト教の正統的教理である「三位一体」論の形成と確立に貢献したことで知られている。彼は，『三位一体』という著作において，神における「父，子，聖霊」という三位一体の関係と，人間の精神における「記憶，知解，意志」という三一的構造との類似性を指摘する。そして，似姿の回復が説かれ，精神は真に神を記憶し知解し愛することにおいて三位一体の似姿であるとしたのであった。

2　ルネサンスにおける人文主義の教育思想

（1）人文主義の始まり――ペトラルカ「人間の発見」

「**ルネサンス**」という言葉は，一般に15世紀から16世紀にかけて，イタリアで始まり全ヨーロッパを席巻した大規模な文化的・社会的運動に対して用いられるが，ルネサンスの始まりは，14世紀の**ペトラルカ**（Francesco Petrarca, 1304～1374）による「人間の発見」に遡るといわれる。

ペトラルカは1336年4月のある日，南フランスにそびえるヴァントゥー山に登った。岩場に腰を下ろして遠くに見える山々，海原，岸辺を見つめているうちに，いつも携帯していたアウグスティヌスの『告白』を読みたくなった。彼が偶然に開いた頁（第10巻第8章）にはこう書かれていた。「人々は外にでかけてゆき，山の高い頂，海の巨大な波，河の広大な流れ，広漠たる海原，星辰の運行などに驚嘆します。しかし自分自身のことはおきざりにしています」（アウグスティヌス，2014b：248）。ペトラルカは，この部分を読んで愕然とした。こうして彼は，人間の外界の研究から人間そのものの探究へと目を転じたのである。そして彼は，この人間性の探究は「異教の哲学者」を学ぶことによって進められると考えた。それは，キケローが「人間性」とか「人間らしさ」を意味するラテン語の「フマニタス（humanitas）」という言葉を用いていたからであった。

こうして**フマニタス研究**（studia humanitatis）が始まった。フマニタス研究という用語そのものは，すでに古代ローマにもみられ，自由人のための自由な教育という意味で用いられていた。キケローのいう「フマニタス」は，ギリシア語の「パイデイア（教養）」の翻訳であった。ルネサンス期のフマニタス研究は，「人間性の研究」であり，人間がどうしたらより人間らしい存在になれるかの研究であり，具体的には古典的人間教養の研究であった。そして，15世紀のイタリアでは，**人文主義者**を意味するラテン語のフマニスタ（humanista）という言葉（英語の humanist）が用いられるようになる。この言葉は，フマニタス研究の教授の呼称であったが，やがて広くこの研究にかかわる人々や古典学の教師を指すようになり，16世紀には広範に定着していった。人文主義者が自らの研究をフマニタス研究と呼ぶようになった時，その研究を形作る中心学科は，ギリシア・ラテンの文学・文法学・修辞学・歴史学および道徳哲学であった。このようなフマニタス研究を核とする広範な文化運動が，ルネサンス・ヒューマニズム（人文主義）である。

イタリア・ルネサンス期の人文主義者は，キリスト教を知らない，いわば「異教徒」である**古典古代**のプラトンやキケローたちが，徳や教養といった面ですばらしい人間性を実現していることに驚嘆した。彼らはまた，キケローのラテン語の優雅さに感嘆した。中世においては，実用的なラテン語が用いられていたが，人文主義者は古典古代の弁論家の典雅な文体に魅了されたのである。彼らは，言葉を学ぶことによって，遠い昔の人の言葉が心の琴線に触れることに驚き，人間性の普遍性についての確信をもつに至った。美しい言葉と有徳な生活を目指す実用的な学問がフマニタス研究といわれたのである。

人文主義者が研究しようとするフマニタスは，一方では人間を真に人間たらしめるもの，人間の本質ないしは理想といった面をもっている。この面からみれば，フマニタスは，すぐれて人間的な教養を意味する。そして，この人間的教養は，古典古代において模範的実現をみたとされ，その生きた証言である古典文学を研究することが，人間的教養の形成には何よりも有益だと考えられた。したがって，フマニタス研究の実際においては，古典研究が中心的役割を果たしている。

ところでフマニタスは，他方では，人間が自然に備えているいっさいのもの，人間の自然本性，人間における自然，つまり環境の作用や教育などによって獲得されたものでない，生まれながらの人間の基本的特性の総体を意味する。人文主義者における人間性への信頼は，「**自然**」への信頼に他ならなかった。しかし，自然のままの人間性，あるがままの人間性に満足することはできない。自然のままの人間は，ただ可能性を宿した人間であるにすぎず，それを全面的に実現された人間にすること，つまり自然のままの人間性に備わる諸々の可能性を真に人間的なものとして全面的に実現させ完成させること，これが人文主義者の目指す人間形成に他ならない。そして，あらゆることに普遍的な関心をもち，能力を発揮することが理想とされた。そして現実に**アルベルティ**（Leon Battista Alberti，1404～1472）のような博学万能の教養人が出現している。

（2）古典の発見・再評価──エラスムス

人文主義者の教育思想に大きな影響を与えた出来事としては，1416年に**クインティリアヌス**（第7章参照）の**『弁論家の教育』**（全12巻）の完全な写本がブラッチョリーニ（Poggio Bracciolini，1380～1459）によってザンクト・ガレンの修道院において発見されたことを挙げることができる。それまで，この著作は，断片のみが存在し，忘れられたかのようになっていた。しかし，完全な写本が見つかってから，イタリアの人文主義者によって再評価されたのである。特に，幼児の時期から教育を開始し，言葉が使えるようになる基礎を造ること，幼少の時の学習には遊びがなければならないこと，教育者は学習者の理解力のところまで降りていき，子どもの精神がどれだけ受容できるかを見極めること，学習する者を叩いたり，恐怖を加えたりしてはならないこと，そして真に知者と呼びうるような人間を理想とし，学識においても道徳的品性においても完全な高みを目指すことなどは，人文主義者の教育論にインスピレーションを提供することとなったのである。このように，人文主義者の課題は，古典精神を再発見・再評価し，彼らの時代の現実の人間の生き方にこれらの精神を反映させることであった。

ところで，イタリアで始まった古典研究の方法が15世紀後半にアルプス以北の国々に伝わると，研究の対象が聖書やキリスト教の古典にも広がった。アルプス以北の人文主義者の多くが後世しばしばキリスト教的人文主義者と呼ばれるように，彼らは古典文学の再興と同時にキリスト教そのものの刷新を図った。すなわち彼らは，古典古代の文献を渉猟することによって研ぎすまされた批評眼を聖書やキリスト教の古典にも適用し，キリスト教本来のあるべき姿を提示しようとしたのである。その代表的な人物が**エラスムス**（Desiderius Erasmus, 1469頃～1536）である。

エラスムスは，言葉の正確な理解を基礎とした言語学的・歴史的方法によって，聖書，教父文学や異教古代の研究に先導的役割を果たし，幾多の古代文献を校訂し，はじめて活字化した。印刷という手段で古典の教養を広く世間に普及させるという仕事は，彼の生涯を通じて行われることになる。中世において書物は写本という形で修道院の書庫に収められていた。1445年頃に**グーテンベルク**（Johannes Gutenberg, 1398頃～1468）が活版印刷術を発明したことにより，安価で大量の本が市中に出るようになり，思想の伝達も格段に早くなった。これが，ルネサンスや**宗教改革**を生み出す原動力となったのである。

エラスムスの著作は数多いが，中でも彼が校訂した**『新約聖書』**（1516）は，各種写本を校合して史上はじめてギリシア語原典を活字化し，教会の標準ラテン語訳聖書となっていたウルガータ版によらない彼独自のラテン語訳をギリシア語原文と対置し，詳細な注解を添えた労作である。エラスムスは，『新約聖書』の「序文」において，「キリストはその奥義をできる限り多くの人々に知らせることを切望されています」と記し，「聖書が民衆の言語に翻訳されて」，老若，男女，貴賤，貧富，母語の相違を超えて誰もが聖書を読み，聖書に基づく生活をできるようにするべきだと主張した（エラスムス，2016：230～231）。彼の関心の中心にあったのは，キリスト教の純正な根源を明らかにすることであった。彼は，純粋なキリスト教の源泉にたち戻り，キリストの福音の正しい認識に至ることを生涯の目的として，キリスト教の遺産を伝播することに専念したのである。

エラスムスの著作の中でもっぱら教育の問題を論じているのは，1529年に公刊された**『子どもの教育について』**（正式な題名は，『子どもたちをその誕生の直後から，自由人にふさわしい方法をもって，徳と学問に向けて教育すべきことについての試論』）である。しかしながら，この著作は本来，エラスムスが著した修辞学の参考書である『言葉と内容の豊かさについて』（1512）の実例的な付録として構想された模範文であった。この著作は，その正式な題名に示されているように，一つの「試論（練習弁論）」として執筆された。「試論」とは，「弁論の練習として，あらかじめ用意された型通りの演説をすること，修辞学校での演述のために仮構のテーマについてつくられたスピーチないし文章」を意味する。クインティリアヌスが『弁論家の教育』において「試論」を高く評価していたため，「試論」はルネサンス期の教育において重要な位置を占めるものとなっていた。かの有名な**『痴愚神礼讃』**も「試論」として世に出ている。この著作は，「愚かさ」という，本来ならば称讃しないものを敢えて称讃する「試論」であり，まさに「虚構の論理の訓練」なのである。

つまり，『子どもの教育について』は，特定の人間に向けて語られた実際的な教育論ではない。この著作においては，子どもを授かったばかりの支配階級の父親に教育の在り方を提言するという架空の状況設定のもとに議論が進められている。

『子どもの教育について』は，クインティリアヌスの『弁論家の教育』の内容を真に自分のものとした人の教育論であるといわれている。実際，その着想の多くは，クインティリアヌスに負っている。しかし，修辞学を学ぶ子どもに提示する模範文のテーマが「子どもの教育」であり，「徳と学問に向けて教育」することの意義であったことは画期的である。特に，人間の本性を**理性**と規定し，「理性が人間をつくる」とか，「人間は人間として生まれるのではなく，人間に形成されるのである」という言葉は，学習を進める子どもたちに大きな影響を与えることになったのである。

3　宗教改革と教育
――ルター

（1）ルターの回心と義認の教義

1517年10月31日，**ルター**は**「95箇条の提題」**（「贖宥（しょくゆう）の効力を明らかにするための討論」）をヴィッテンベルクの城教会の扉に掲示した。これが宗教改革の発端となる。その背景からみていきたい。

ルターは大学で法学を学び，両親から将来を嘱望されていた。ところが，1505年７月，実家から大学の町に戻る途中，激しい雷雨にあった。ルターは，とどろく雷鳴と稲光と落雷の中で突然の死の恐れと苦悶に取り囲まれて，地面にひれ伏し，「聖アンナよ，助けてください。私は修道士になります」と叫んで誓約を立てた。これを契機にルターは，修道院に入ったのである。

修道院に入ったルターは，真に敬虔な修道士であったし，厳格に規律を守った。彼は，自らが霊的に完成する必要を鋭く感じていたが，次第に正道を歩みたくても正道を歩みきれない自己の人間的弱さを確信するに至り，神の威厳と怒りの前に絶望するより他ないと考えるようになる。彼は，弱く小さな人間である自分がミサを通じて巨大な神の前に直接立っていることに恐れさえ覚え，聖歌隊席で「私は違う」と叫び取り乱すようなアイデンティティの危機を経験する。

ルターは，1512年に神学博士号を取得し，ヴィッテンベルク大学の神学教授に就任し，聖書注解の講座を受け持った。しかし，ルターの良心の危機は，終わりがみえなかった。彼の関心は，いくら禁欲的な生活をして罪を犯さないように努力し，できうる限りの善業を行ったとしても，神の前で自分は義である，すなわち正しいと言うことができず，神の怒りをなだめえないという恐れの問題に集中していた。その頃からルターの心を捉えて離さなかったのは，『新約聖書』の「ローマの信徒への手紙」に記されている「神の義」の思想であった。そして，「律法を実行することによっては，だれ一人神の前で義とされないからです。律法によっては，罪の自覚しか生じないのです」（第３章第20節）と書いてあることに着目する。そして，「福音には，神の義が啓示されていますが，それは，初めから終わりまで信仰を通して実現されるのです。『正しい者は信仰によって生きる』と書いてあるとおりです」（第１章第17節）という箇所を読んで感動する。これは，突如として光を受けたように新しい理解が与えられる経験であり，「塔の回心」といわれている。すなわち，ルターは，人間は善行によってではなく，「**信仰によってのみ**（sola fide）」義とされること，また神は憐れみをもって我々を義とすることを理解し始めた。そして，自分が新しく生まれ変わったように感じ，ようやく心の平安を得ることができたのである。

ルターの思想の中で形成された義認の教義は，キリスト教本来のあるべき姿を求めることにつながっていった。中でも有名なのは，贖宥に関する論争である。1513年，ローマにサン・ピエトロ大聖堂を建設するための**贖宥状**（しょくゆうじょう）（**免罪符**）の販売がドイツ中に布告された。贖宥状を売る聖職者も，買う民衆も，罪の償いが免除されると信じていた。しかし，贖宥については，聖書のどこにも記されていない。そこでルターは，1517年，贖宥についての学問的討論に関する「95箇条の提題」をヴィッテンベルクの城教会の門扉に掲示したのだ。こうして「聖書のみ」「信仰のみ」というルターの堅固な立場が築かれることになったのである。

（2）ドイツ語訳『新約聖書』と学校

「聖書のみ」という主張は，聖書をドイツ語に翻訳するという偉業にルターを向かわせることになった。こうして，1522年にルターのドイツ語訳『新約聖書』が出版された。聖書を翻訳するためには，高度な思想内容を表現しうる言語の成熟が必要である。ルターのドイツ語訳聖書は，今日のドイツ語の基盤となっているといわれている。

ルターにとって，すべての人が聖書を読み，神との直接対話をすることが必要であった。それこそが，ルターが神との出会いの経験を通して確信したことであったのである。キリスト者は，聖書を読んで神からの語りかけを聴き，祈って神に語りかける。中世において聖書は，一般の人々の手の届くところにはなく，神と人間との間には司祭がいた。人々は罪を犯すと，教会に行って犯した罪を司祭に告白し（告解），司祭に祈ってもらっていたのである。これに対し，ルターが打ち出したのは，神と人間との直接対話であり，これを**万人祭司**という。そのためには，すべての人が聖書を読むことができるまでに教育を受けることが必要であった。

1524年，ルターは『**ドイツ全市の参事会員にあてて，キリスト教的学校を設立し，維持すべきこと**』を出版する。この著作でルターは，聖職者とこの世の統治に当たる者を養成するための「キリスト教的な学校」の設立を，行政の責任者に対して勧告したのである。そして，「君侯や領主や市参事会員や統治にあたるものに学識があり，その立場をキリスト教的に行なっていくにふさわしい者であること」が，いかに重要であるかを説いた。そのためには，「いたるところに少年と少女両方のための最上の学校を建て」なければならなかった。そして，「学識あり，訓練をうけた男女の教師がいて，言語や他の教養や歴史を教えてくれる学校」に「少年を毎日１時間あるいは２時間」，「少女も，１日１時間」行かせるべきであると主張したのである（ルター，1967：442～445)。

ルターの勧告と呼びかけは直ちに反響を得た。ドイツ各地に学校が開設されたのである。しかし，学校が設立されても，それが十分に利用されることなく時が経過しつつある状況がみられた。そこでルターは，1530年に**『人々は子どもたちを学校へやるべきであるという説教』**を出版し，教育の必要を主に子どもたちの両親に呼びかけたのである。

宗教改革は，「エラスムスが産んだ卵をルターがかえした」といわれている。しかし，エラスムスの『自由意志論』(1524）に対する反論としてルターが『奴隷意志論』(1525）を著したように，晩年のエラスムスとルターは，その人間観をめぐって対立する。教育に関してみるならば，エラスムスは人間の本質を「理性」と規定し，「徳と学問に向けて」教育することを説いた。そして，幼い時からの段階的・持続的な努力による進歩を強調した。「教育と理性と習慣とによって」心を鍛えて弱さを克服し悪徳に打ち克つように勧める教育的視点である。これは，人間の絶望こそ神の恵みに近いという逆説的な認識に立つルターの神学的視点とは本質的に異なるものであった。「聖書のみ」「信仰のみ」を基本原理とするルターの信仰義認論からみれば，人間はまず罪人とならなければならなかったのである。

4　ルネサンス後期の教育思想
――モンテーニュ

ルネサンス最後の人文主義者は，**モンテーニュ**（Michel Eyquem de Montaigne, 1533～1592）であろう。彼の教育についての考察は，『エセー（随想録)』第１巻第26章「子どもの教育について」に記されている。

モンテーニュの教育論は，「判断力」ある人間になることと，「徳」を身につけることの二つに焦点が当てられている。この二つは，ギリシア・ローマ時代の哲学者や弁論家が説いてやまなかった賢者の在り方につながる教えであり，モンテーニュが味読してやまなかったギリシア・ローマの先哲たちの精神の復活でもあった。モンテーニュの時代には，印刷された古代の文献も多く，読むべき本のリストも多数に及んでいた。そのような時代にあってモンテーニュは，知識に代わって「判断力」を人間教育の中枢に据えた。「われわれはどう判断するか」「われわれはどうおこなうか」が問題であり，他人の意見や知識をしまいこむだけでは意味がないのであった。

ルネサンスは，文化と学問の躍進の時代であると同時に，自然科学と技術の急速な進歩の時代でもあった。実際，コペルニクスの地動説は，科学界に大革命をもたらしたのである。ルネサンスの三大発明といわれるものは，火砲，羅針盤と活版印刷である。羅針盤の発明により大航海時代が始まり，1549年にはザビエルが来日した。このようにして，ヨーロッパ世界にもたらされる世界各地の情報も格段に多くなったのである。

5　17世紀の教育思想
――コメニウス

（1）汎知学

17世紀には，もはやギリシア・ローマの古典を範とする必要がなくなった。過去の文化を権威として仰ぐことなく，自立した人間として，理性の力によって自然や社会という巨大な書物を解読し，そこから得た知識を社会のために利用することを目指すようになった。すなわち，中世の世界認識が崩壊した16世紀から17世紀にかけてのヨーロッパの転換期に**汎知学**（pansophia）という精神運動が出現した。これは，『聖書』と並んで，神が創造したこの世界を「自然の書」として読むべき書物とするものである。『聖書』が言語化された「神の書」であるのに対し「自然の書」は，まだ言語化されていない書物であった。このような汎知学に関心を深めたのがコメニウス（Johannes Amos Comenius, 1592～1670）であった。

ルネサンスの諸学問に取り組んだコメニウスは，あらゆる事柄を独自の世界観で再構成した知の体系を構想し，それを汎知学と呼んだ。それは，それまでの人間の知識や技術を体系的にまとめあげることを試みた運動であった。すなわち，天文学，自然学，技術学，人間学，社会や政治，宗教に至るまでを体系化し，それを人間の成長過程に応じて教科書に編むというものであり，教科書，授業等の新しい構造化の試みとなって展開した。

これにより，教育においても大きな変化が生じた。ルネサンス期の教育の醍醐味は，古代の著作家との直接対話にあった。しかし，17世紀になると，教科書を編んで，知識を体系的に整理して教えることが中心となったのである。

（2）『大教授学』

コメニウスの『**大教授学**』（1657）の正式な題名は，『あらゆる人にあらゆる事柄を教授する普遍的な技法を提示する大教授学』である。この「あらゆる人に」というのは，ごく一部の人しか教育を受けていなかった当時の社会にあっては画期的なことであった。コメニウスは，「教育されなくては，人間は人間になることができないのであります」（コメニュウス，1962a：81）という。そして，「貴族の子どもも身分の低い者の子どもも，金持の子どもも貧乏な子どもも，男の子も女の子も，あらゆる都市，町，村，農家から，学校へあがらなければなりません」（コメニュウス，1962a：98）といって，貴賤，貧富，男女，地域の別なく教育を受けることを主張した。また，「あらゆる事柄を」教授するということにも深い意味があった。コメニウスは，人間が「神の似姿であるとは，自分の原型である神の完全さを生き生きと形に表わすこと」（コメニュウス，1962a：63）であるという。「神の特性のうちとくにぬきんでているのは全知ということ」であり，したがって「人間の中には必ず全知の，ある映像が映っている」（コメニュウス，1962a：68）という。

しかし，「あらゆる事柄を」学ぶことは，現世で全知となることではなかった。「この世ではどんな欲望も，どんな努力も，絶対に終着点を見いだすことがない」（コメニュウス，1962a：53）のであった。それゆえ，「知恵の探究に魂を向ける人」は，終着点を知ることがない。つまり，「多くの知識を持てば持つほど多くの知識が欠けていることが，わかってくる」（コメニュウス，1962a：

54）のである。それゆえ，コメニウスは「人間の窮極の目的は，現世のそとにある」（コメニュウス，1962a：51）という。「太陽のもとで営まれる現世の生命は，永遠の生命への準備にほかならない」（コメニュウス，1962a：57）のであった。コメニウスは，神がすべてを完成してくださる神の国を待ち望んでいたのである。

そこでコメニウスは，「人間が生まれた時から負わされている注文」は，Ⅰあらゆる事柄を知る者となり（学識），Ⅱさまざまな事物と自分自身とを支配する者となり（徳性），Ⅲ万物の源泉である神に自分自身とあらゆるものとをかえす者となれ（敬神），ということであるという（コメニュウス，1962a：63）。このように学識と徳性と敬神に向けて教育することは，「キリスト教国家に闇と混乱と分裂とがいよいよ少なくなり，光と秩序と平和と平安とがいよいよ多くなる方法」（コメニュウス，1962a：14）なのであった。コメニウスは，**30年戦争**（1618～48年）で荒廃した社会を再建し，平和な世の中を築くという構想をもっていた。彼は，教育を通して平和を実現しようとしたのである。

（3）教育課程と『世界図絵』

コメニウスは，「自然そのものの導きに従って」（コメニュウス，1962b：95）成長期の子どもの教育課程を四つの段階に分け，各段階を6の倍数で区切った。6歳までの幼年期の学校は，母親学校である。これは，幼児を対象とする母親の膝の上での家庭教育であり，外部感覚が訓練される。12歳までの少年期の学校は初級学校であり，少年は，読書，算数，その他の基本的教授を受ける。この時期には，内部感覚が訓練される。18歳までの若者期の学校はラテン語学校であり，若者は四つの言語（母国語，大学の公用語としてのラテン語，新約聖書を理解するためのギリシア語，そして旧約聖書を理解するためのヘブライ語）と諸科学を学ぶ。この時期には，認識能力と判断力が訓練される。そして，24歳までの青年期の学校は大学であり，青年は，普遍的研究に従事し，外国旅行をする。この時期には，意志が訓練される。それにより，あらゆるものに対して正しく自己の支配権をふるう習慣がついてくるのであった。

コメニウスは，多くの教科書を出版しているが，中でも有名なのが**『世界図絵』**（1658）である。これは，世界最初の絵入りの教科書といわれるものであり，「言葉」と「事物」(絵）を同時に提示する教科書として画期的であった。

コメニウスにとって，教育は成長期で終わるものではなかった。「学識」と「徳性」と「敬神」を求めたコメニウスにとって，人間が人間になるための努力は生涯にわたって続けられるものであった。そのような考えは，『パンパイデイア――生涯にわたる教育の改善』(草稿発見1935年，出版1968年）に記されている。

ユネスコは，コメニウスを「ユネスコの父」としている。生涯教育や教育を通して平和を実現しようとする理念の最初の伝達者はコメニウスであると考えられているのである。

学習課題

① キリスト教の教えは，「近代西洋」の教育思想にどのような影響を与えているか。考えてみよう。

② コメニウスの教育思想は，どこが近代的なのだろうか。まとめてみよう。

引用・参考文献

アウグスティヌス『アウグスティヌス教師論』石井次郎・三上茂訳，明治図書，1981年。

アウグスティヌス『告白Ⅰ』山田晶訳，中央公論新社，2014年a。

アウグスティヌス『告白Ⅱ』山田晶訳，中央公論新社，2014年b。

アウグスティヌス『告白Ⅲ』山田晶訳，中央公論新社，2014年c。

エラスムス，D.『エラスムス教育論』中城進訳，二瓶社，1994年。

エラスムス，D.「新約聖書序文　敬虔なる読者への呼びかけ（パラクレーシス)」『エラスムス神学著作集』金子晴勇訳，教文館，2016年。

コメニウス，J. A.『世界図絵』井ノ口淳三訳，平凡社，1995年。

コメニウス，J. A.『パンパイデイア――生涯にわたる教育の改善』太田光一訳，東信堂，2015年。

コメニュウス，J. A.『大教授学 1』鈴木秀勇訳，明治図書，1962年a。

コメニュウス，J. A.『大教授学 2』鈴木秀勇訳，明治図書，1962年b。

モンテーニュ，M.E. de『モンテーニュ随想録』関根秀雄訳，国書刊行会，2014年。

ルター，M.「ドイツ全市の市参事会員にあてて，キリスト教的学校を設立し，維持すべきこと」『ルター著作集　第1集第5巻』徳善義和訳，聖文舎，1967年。

ルター，M.「人々は子どもたちを学校にやるべきであるという説教」『ルター著作集　第1集第9巻』徳善義和訳，聖文舎，1973年。

第9章

啓蒙主義・新人文主義時代の教育思想

本章では，17世紀後半から19世紀前半にかけてのヨーロッパの教育思想について，その思想的な特徴と代表的な思想家の教育論を取り上げて考察する。17世紀後半から18世紀のヨーロッパは「啓蒙主義の時代」といわれ，理性によって社会を合理的に見つめ直すことによって，新たな国家・社会の在り方が模索された時代であった。この啓蒙主義の思想に沿った教育思想や社会思想が現れる一方で，啓蒙主義思想の知識万能主義を批判し，乗り越えようとするルソーは，教育小説『エミール』を記すことによって，啓蒙主義の中心的な思想家たちにもまして近代教育思想に多大な影響をあたえている。さらに，18世紀後半から19世紀前半にかけては，啓蒙主義の合理的世界観に対する抵抗が起こり，「新人文主義」と呼ばれる，芸術や文化を通じた人間性の解放を図る精神運動が展開された。この精神運動は教育思想としても独自の展開を遂げており，中でもペスタロッチやフレーベルらの教育思想やその教育実践はとりわけ注目される。

1　啓蒙主義の時代

(1)「啓蒙」とはなにか

17世紀後半から18世紀のヨーロッパは，「**啓蒙主義**の時代」といわれる。歴史上の「啓蒙主義」とは一般的に，ルイ14世に代表されるアンシャン・レジーム（旧体制の意）への抵抗として，理性によって社会を合理的に見つめ直し，新たな国家・社会の在り方を模索する運動を指す。それでは「**啓蒙**」とは何を意味するのであろうか。

西洋の言語で「啓蒙」を指す言葉は，ドイツ語の Aufklärung，フランス語の lumières，英語の enlightenment などであるが，それぞれの語が klären（明らかにする），lumière（光），light（光）の意味を内に含むように，いずれも光にかかわる語となっている。これは，それまで曖昧のままにされていた事がらが，知恵の「光」の下ではっきりと明らかになるさまを反映したものである。また日本語で用いられる「啓蒙」という言葉，あるいは同様の字句からなる「蒙（もう）を啓（ひら）く」という成句も，これらの西洋語と同じく光に通じる語となっている。すなわち，その意味は「道理に蒙（くら）い（＝暗い）状態にある」人に知識をあたえ，教え導くことであって，知性の光により「開明」される状態を表しているとわかる。

ドイツの哲学者カントは1784年，『啓蒙とは何か　その問いに対する答え（*Beantwortung der Frage : Was ist Aufklärung*）』と題した論文を記しているが，その冒頭で「啓蒙とは，人間が自分の未成年状態から抜けでることである」（カント，1950：7）と定義したことはよく知られる。そしてカントは啓蒙の標語として，ローマの詩人であるホラティウスの文句「敢えて賢こかれ！（Sapere aude)」（カント，1950：7）を挙げている。さらには，自らの生きる時代はすでに啓蒙された時代ではないが，「おそらくは啓蒙の時代であろう」（カント，1950：16）とも述べる。これらの言辞からは，未熟な幼児のように，他の知性ある誰かに指図されるのではなく，人間誰もが自らの責任でもって自己の知性を使用することが啓蒙の特徴であり，またその啓蒙の思想がまさに同時代の社会において求められている，と18世紀を生きるカントは捉えていたとわかる。

（2）啓蒙主義期の思想家たち

啓蒙主義を代表する思想家には，イギリスのロックやホッブズ（Thomas Hobbes, 1588〜1679），フランスのディドロ（Denis Diderot, 1713〜1784）やモンテスキュー（Charles-Louis de Secondat Montesquieu, 1689〜1755），ヴォルテール（Voltaire, 1694〜1778）らの名が挙げられる。

このうちロックは，政治思想家として『市民政府二論』（1690）で展開した社会契約説などがよく知られている。その一方でロックは『教育に関する考察』（1693）を著して，同書で「健全な身体に宿る健全な精神とは，この世における幸福な状態の，手短ではありますが意をつくした表現です」（ロック，1967：5）と述べていることに特徴づけられるように，啓蒙主義といってもけっして知性面の指導だけでなく，身体の鍛錬や簡素な生活を重視する独自の教育論を展開し，教育思想においても影響があった。

スイスに生まれ，フランスで活躍した思想家のルソーも，ロックの思想から影響を受けた一人である。ルソーの著した『エミール』（1762）は，近代教育史上に一大転機をもたらす著書となり，ロックの教育論以上に強い反響を呼ぶことになった。啓蒙主義の時代にあって，フランスでは特に百科全書派といわれる思想家たちに顕著な，知識万能主義が思想の主流を占めており，旧体制に反対するルソーももともとは，百科全書派の一人に数えられる人物であった。しかし啓蒙主義の知識万能主義とルソーの抱く自然主義との考え方の違いから袂を分かち，のちには啓蒙主義の反対者となった。

2　子どもの発見者
——ルソー

（1）社会改革思想と教育思想——ルソーの両側面

ルソーはスイスのジュネーブに，時計職人の息子として生まれた。その波乱に富んだ人生は自叙伝『告白』（1782，1788）に詳しい。

1762年に相次いで発表された『社会契約論』と『エミール』がルソーの代表的著作で，それぞれ社会改革と個人主義教育を主題としている。アメリカ独立とフランス革命との理論的・感情的支柱にされた『社会契約論』の思想の核心は，「人間は自由なものとして生まれた，しかもいたるところで鎖につながれている。自分が他人の主人であると思っているようなものも，実はその人々以上にドレイなのだ」（ルソー，1954：15）という冒頭の句に表れている。一方『エミール』は，「万物をつくる者の手をはなれるときすべてはよいものであるが，人間の手にうつるとすべてが悪くなる」（ルソー，1962：23）の語に始まる。

「社会改革」と「個人主義」とは一見，対立する概念のように思える。だが，いずれも人間の本来的「自然状態」への回帰を根本的な理念としながら，それぞれが，個人の生きやすい社会の構築，自由な社会を構成する個人の教育の探究であり，「社会」と「個人」の両側面から，自由を得るために必要な条件を明らかにするという，二冊で互いの思索を補い合う書物であった。

それでは，ルソーがいう人間の「自然状態」とはどのような状態か。また，教育思想におけるルソーの功績とされた，「**子どもの発見**」とはどのような意味であろうか。解釈は『エミール』の教育論に求められる。

（2）近代教育学のバイブル『エミール』

『エミール』の序文には次の言葉が掲げられている。

> 人は子どもというものを知らない。子どもについてまちがった観念をもっているので，議論を進めれば進めるほど迷路にはいりこむ。……かれらは子どものうちに大人をもとめ，大人になるまえに子どもがどういうものであるかを考えない。（ルソー，1962：18）

だからまず，子どもを十分観察し，研究しなければならない，というのがルソーの見解である。かつて子どもは小さな大人，不完全な大人とみなされていた。対するルソーはそれぞれの年齢段階に応じた完全性があると考え，大人とは異なる子どもにとっての成熟があるとし，子どもという成長段階を区別して考えた。それゆえルソーは「子どもの発見者」と呼ばれるのである。

『エミール』は，ルソーが家庭教師としてエミールという名の男の子をあずかったなら，どのように育てるかを想像して書かれた教育小説で，全５編からなる章立てはエミールの成長に従い，年齢に見合った教育が語られる。第１編では乳幼児期の育児法と，自然・人的両面の教育環境とが論じられ，また人間の「自然状態」を解説した次の一節も見られる。

> わたしたちは感官をもって生まれている。そして生まれたときから，周囲にあるものによっていろんなふうに刺激される。……はじめは，それが快い感覚であるか不快な感覚であるかによって，つぎにはそれがわたしたちに適当であるか，不適当であるかをみとめることによって，最後には理性

があたえる幸福あるいは完全性の観念にもとづいてくだす判断によって，それをもとめたり，さけたりする。

（ルソー，1962：26）

図9－1　『エミール』原著挿絵（第3編）

「いそいで駆けていきましょう。天文学ってなにかの役にたつもんですね」（ルソー，1962：320）。

これをルソーは「わたしたちの自然」という。つまり人間は年齢に応じ，感性・悟性・理性という三段階の判断基準を順番にたどるのが自然な発達で，その自然的発達に沿った教育をせよ，と主張したのである。

先に取り上げたロックが『教育に関する考察』で論じた，質素な暮らしが丈夫な身体をつくる，という鍛錬法にはルソーも同意するが，ロックが重視する規則は「子どもと議論すること」であり，この点をルソーは強く批判する。それこそが子どもを大人扱いにする教育で，理性的判断を子どもに強いて「終わりにあるものからはじめる」こととなり，人間の自然状態に合わないからである。ここにルソーの自然主義教育の独自性が表れる。また子ども期に行う感覚的教育は「**消極教育**」といわれる。消極といっても子どもを放任するのではなく，道徳的・理性的判断の性急な教え込みを避け，道徳的教訓を実体験することで身につけるよう勉めるのである。

（3）思春期，「第二の誕生」

15歳頃からの第4編では「わたしたちは，いわば，二回この世に生まれる。一回目は存在するために，二回目は生きるために。はじめは人間に生まれ，つぎには男性か女性に生まれる」（ルソー，1963：5）といい，人生を決定づける節目として思春期を重要視し，「**第二の誕生**」と呼ぶ。思春期の兆候は性の発現であるから，第一に性教育，次に恋愛が問題となる。

新たな段階に入ったエミールは，感覚を通じた教育の期間を終えて知識を用いた教育を受けるため，歴史教育と「サヴォア助任司祭の信仰告白」という宗教教育論が語られる。社会に入る準備として，歴史から社会の在り方を学ぶことに歴史教育の眼目が置かれる一方で，ルソーの宗教教育論は宗教について論じるのみならず，むしろ自己の良心について語っているとも考えられる[(1)]。

巻末の第５編では，エミールの配偶者にふさわしい女性，ソフィー（ギリシャ語のσοφία＝知恵に由来する名前）に託して，ルソーの女性観が述べられる。それは今までのルソーの教育論とはうって変わり，「服従は女性にとって自然の状態」（ルソー，1964：32）などといわれる旧弊な女子教育論で『エミール』の欠点に数えられ，とうてい納得できるものではない。ただ，このような教育論が記された理由としては，時代に対する警告の書が『エミール』で，読者である上流階級の貴婦人が子育てを疎かにする現状に異議を唱えた，という側面もあった。

『エミール』は出版されるや否や焚書に処され，ルソー自身には逮捕命令が下された。だが同書は賛否両論を交えながら大きな反響を呼び，ルソーに反対する教育思想ですらルソーからの影響を受けたといわれるほど，近代教育史上に一大転換をもたらす著作となったのである。

文学や社会・政治思想など，ルソーの影響はヨーロッパの思想界に様々な領域でいきわたり，フランスでは特に社会および政治思想に影響し，イギリスでは文学の影響が強く，社会思想の支持者も多く現れた。その一方でルソーの教育思想の影響が強く現れたのはドイツにおいてであった。ドイツでは汎愛派（Philanthropen）と呼ばれる一群がルソーの自然主義を生かした学校づくりを行った。汎愛派という名称はバゼドー（Johann Bernhard Basedow, 1723～1790）が設立した学校の汎愛学院に由来しており，他にザルツマン（Christian Gotthilf

(1)『エミール』第４編の「サヴォア助任司祭の信仰告白」について，教育学者の梅根悟は次のようにして期している。「この信仰告白は実は宗教について語っているというよりも，この内なる感情，内なる声，良心とよばれるものについて語っているものだと言う方が適切のように思われます」（梅根，1978：180）。

Salzmann, 1744～1811)，ロヒョー（Friedrich Eberhard von Rochow, 1734～1805)，カンペ（Joachim Heinrich Campe, 1746～1818）などが数えられる。汎愛派の特徴として，運動や自然豊かな田園生活の経験，遊戯，実用的な知識・技術の習得の重視が学校のカリキュラムに取り込まれ，著作の中で推奨されていることが挙げられる。

3　新人文主義期の教育思想

先に見たように，18世紀は啓蒙主義の時代，あるいは理性の時代などといわれるが，18～19世紀にかけてのヨーロッパでは，啓蒙主義の合理的世界観への抵抗が起こり，芸術や文化をつうじた人間性の解放を図る精神運動が展開された。特にドイツにおいては，ヘルダー（Johann Gottfried von Herder, 1744～1803)，シラー（Johann Christoph Friedrich von Schiller, 1759～1805)，ゲーテ（Johann Wolfgang von Goethe, 1749～1832）らをはじめとする**シュトゥルム・ウント・ドラング**（Strum und Drang：疾風怒濤）と呼ばれる文学運動が興ったことで知られる。この運動では感情や独創性が賛美され，非合理的な生が見出されることで，ルネサンスが備えていた個性へのまなざしが再び獲得された。シュトゥルム・ウント・ドラングから古典主義，ロマン主義に至るドイツの精神運動に見られる思想は，ルネサンスの人文主義に対応する言葉として「**新人文主義**（Neuhumanismus)」と呼ばれ，教育思想としても独自の展開を遂げている。

作家として名高いゲーテは「教養小説（Bildungsroman)」として知られる『ヴィルヘルム・マイスター』（1795～1829）で主人公の自己形成を描き，そこに自らの教育観を投影している。同書の第二部『ヴィルヘルム・マイスターの遍歴時代』（1821～1829）では，ペスタロッチに影響を受けた「教育州（pädagogischen Provinz)」という想像上の学園が描かれ，個性に応じ，畏敬の念を重視する教育のモデルが示される。また詩人のシラーは『人間の美的教育について』（1795）で「美だけは，私たちが個体として，同時に種として，いわば種の代表者として，享楽するのです」（シラー，2003：171）といい，美によって個人と社会をつなぐことを考えて芸術による民衆教育を要請し，美的国家という理想を掲げた。

ゲーテやシラーとも交友があったドイツの言語学者，ヴィルヘルム・フォン・フンボルト（Karl Wilhelm von Humboldt, 1767〜1835）は，新人文主義の代表的人物である。新人文主義は，古代ギリシアに遡って調和的人間像の理想を見出し，理想とされる古代の精神に学ぶことを称揚するが，ただ模倣するだけでなく新たな自己を形成するための教育を志向する。教育において個性の育成を重視する思想は，フンボルトに顕著に見られる。さらにフンボルトの教育に対する貢献は思想だけでなく，文部大臣として指揮した学校教育制度の改革実践とその影響が挙げられる。中でも高等教育制度改革としてフンボルトの創設したベルリン大学（1810年設立）は，学生の自主的な学問研究を重視し，世界の大学の模範とされた。ベルリン大学は第二次世界大戦後，彼の名に因みフンボルト大学と改称されている。

4　人類愛の教育者
――ペスタロッチ

（1）ペスタロッチの生涯と教育活動

先に見たルソーと同じくスイスに生まれ，ルソーに並び称される教育思想家が，ペスタロッチである。ペスタロッチの教育に対するかかわり方はルソーと違い，自らの思想に従った実践が伴う。それゆえペスタロッチの教育思想を考えるには，その生涯もあわせて眺めなくてはならない。

幼くして父を亡くしたが，献身的な家政婦バーベリと母のもと，貧しくも愛情溢れる家庭で育ったペスタロッチは，幼児期からすでに，自らの受けた愛と善意を世の貧しい人々に返したい，と願ったという。

大学では神学を専攻するが，貧民救済の思いは強く，社会の不平等を是正すべく法律家へと進路を変更し，さらに，貧しい農民を救う直接の方法として農業の改良を志した。**ノイホーフ**（Neuhof＝新しい農場）と名づけた農園を開き，妻アンナと共に農場経営に乗り出すがあえなく失敗する。だがこの失敗によって残った農場跡地に，貧民の子や孤児のための教育施設を設立することを思い立ち，これより生涯に亘る教育活動を開始するのである。

教育のかたわら紡績と農作業を行う労作学校の試みは，はじめのうち成功を見せ，生徒数も増加した。だが衣食が足りると逃亡する子どもが多く，親たちの理解は得られず，その上財政的にも行き詰まり，閉鎖に追い込まれる。

ノイホーフで実践的には失敗した教育思想を，世に問うべく著された書が『隠者の夕暮』（1779～1780）で，信仰心に濃く彩られつつ，ルソーに由来する自然主義を発展させた教育に関する箴言集である。「玉座の上にあっても木の葉の屋根の蔭に住まっても同じ人間，その本質からみた人間，一体彼は何であるか」（ペスタロッチー，1993：7）と問う冒頭の一節は，どんな違いがあっても，同じ人間として絶対に平等である，というペスタロッチ教育思想の根幹をなす人間観が明示される。

その後，小説『リーンハルトとゲルトルート』（1781～1787）が好評を博したが，教育思想としては注目されず，ペスタロッチは落胆を覚える。苦心の末の続編は顧みられることなく，著述家としても失敗のうちにノイホーフ時代は過ぎた。

フランス革命の影響から1798年にスイス共和国が誕生すると，ペスタロッチは政府に申し出て，シュタンツ地方の修道院を改修し孤児院を設立した。この地での充実した活動は『シュタンツだより』（1799）に生き生きと描かれる。

> わたしは彼らとともに泣き，彼らとともに笑った。彼らは世界も忘れ，シュタンツも忘れて，わたしとともにおり，わたしは彼らとともにおった。……わたしは何ものももたなかった。わたしはわたしの周囲に家庭ももたず，友もなく，召使もなく，ただ彼らだけをもっていた。
>
> （ペスタロッチー，1993：58）

しかし「やっと夢を実現する緒についたかと思ったとき，シュタンツを去らなければならなかった」（ペスタロッチー，1993：101～102）。ここでも失意のうちに終わってしまうが，諦めることなく，ペスタロッチはしばらくの静養の後，すぐに次の地へ向かう。

ブルクドルフでの学校教師を経て自らの学園を開設し，この学園がイヴェルドンに移転したころ，ペスタロッチの名声は最高潮に達する。「ペスタロッチ主義」は特にドイツへと広がり，各地の教育者が続々と学園を訪れた。

しかし，繁栄の陰にも学内の派閥闘争，多額の負債など様々な問題があり，学園は徐々に衰退する。だが，ペスタロッチを困惑させたのは生徒数の増加で，子どもたち一人ひとりと深く接する機会が失われたことであった。開園から20年後の1825年，ついに学園は閉校する。80歳目前のペスタロッチはノイホーフでの再出発を願うが，望みはかなうことなく２年後に没した。(2)

（2）ペスタロッチの教育思想

『隠者の夕暮』では「私の子供が直接私の手から食べるパンが，子供としての彼の感情を陶冶するのであって，子供の将来のために私が夜も寝ないで心配することに対する彼の驚きなどが彼の感情を陶冶するのではない」（ペスタロッチー，1993：26）といわれ，子どもを囲む日々の生活そのものが何より重要な教育である，との考えが見られる。ここからは晩年の作『白鳥の歌』（1825）に「**生活が陶冶する**（Das Leben bildet）」と集約される理念が，教育活動の初期から一貫して抱かれた教育観であったと理解される。このように生活を教育の重要な位置にすえたことは，教育思想史上におけるペスタロッチの大きな功績である。

『白鳥の歌』で重視される「基礎陶冶」とは，心情・精神・技術（身体）という３種の根本的な能力の均衡を保ちつつ発達させることをいい，それぞれはまた「心・頭・手」に対応して表される。これらの能力が偏りなく調和を保つことは「合自然的」な発展であるとともに，「人間的」な本性である。

「合自然的」という言葉にはルソーの影響が明らかであるが，ルソーが理想とする「自然人」が野性的・動物的な自然に近く，社会性に否定的であるのに

---

(2)　教育学者の稲富栄次郎はペスタロッチの生涯を評して，次のように述べている。「彼の企てた教育事業は，失敗に次ぐ失敗の連続であって，死の瞬間にいたるまで死なうにも死なれぬ苦悩のためにのたうちまわった人である。この苦悩の中にありながら教育に対する熱情は毫も衰えを見せず，一難ごとにいよいよその信念を固くしていった教育者的精神には，真に頭の下がる思いがする」（稲富，1979：16）。

対し，ペスタロッチの「合自然的」な人間は動物的な力を基礎としながらも，社会性の習熟を「人間の自然本性」として認め，教育に必須とする。

ペスタロッチが教育の中心と考えるのは家庭教育で，中でも生活の場である「居間」の教育が重視され，家族の中では特に母親の教育力が重んじられる。それは「子供の生活の最も早い時期に，この安心を保持するための最初の，最も生き生きした心遣いは，本来母の心の中に宿っている」（ペスタロッチ，1963：210）もので，母の愛を受けてこそ，居間に集う父や兄弟姉妹の存在が，教育的な効果を発すると考えられるからである。母性愛を教育の根本とする思想には，ペスタロッチ自身が幼少期に受けた，母の愛の実体験が反映されている。

孤児院，労作学校でのペスタロッチは，親の愛を知らない子どもらに対して親代わりを果たし，愛情を一身に注いだ。それゆえ自らが母となり父となって，学校内に「居間」の再現を試みたといえよう。とはいえ，学校教育と家庭教育には本質的な違いがあり，学校は家庭に比べてより計画的な教育が営まれる。そこで学校教育は**メトーデ**（Methode：教授法）と呼ばれる，家庭教育とは分けられた知識教育を担う。ペスタロッチのメトーデは「教育上の命題というものは，現実の諸関係と切離せない直観的な経験を考慮して初めて正しいものとして確かめられる」（ペスタロッチー，1993：87）という考えに立つ「直観教授」で，直観を認識の基礎とする。この「直観」は家庭生活で直観認識として生じ，次に学校で子どもの感覚・直観と合致する内容を教授することで，認識は強められる。直観の基礎となる，最も単純な要素を「数・形・語」に認め，知的教育の柱とすることで，ペスタロッチは「暗い直観から，明晰な概念へ」と子どもたちを導くことを考えたのだった。

5　幼稚園の創立者
――フレーベル

（1）胎児から老人までの教育――『人間の教育』

ドイツの森林地帯テューリンゲンに生まれたフレーベルは，厳格な牧師の父，年若い継母に放任されてさびしい幼年時代を過ごし，豊かな森の自然だけを心の慰めとした。職を転々とした後，模範学校の教師となったフレーベルはペスタロッチの活動を知る。それは教育に「燃え上がっている心情に恰も油を注ぐような」（フレーベル，1994：76）もので，早速イヴェルドンの学園を訪問し，ペスタロッチの愛情豊かな心と教育にかける情熱に深い感銘を覚えた。1816年，カイルハウの地に「一般ドイツ教育所」を開設すると，ペスタロッチのメトーデと自らの理論を組み合わせた教育を実践した。この教育所での活動から生み出されたフレーベルの主著が『人間の教育』である。

同書でフレーベルは，成長段階に応じた教育を考え，胎児から老人に至るまでのそれぞれの段階が「相互に浸透し合いながら，連続的に発展する」という連続的発達観を示す。ルソーの人間観をより詳細なものとした考察で，現代の生涯学習にも通じる。信仰に裏づけられ，神と自然を永遠の法則とする教育は受胎の期間からすでに始まり，「神および自然の子としての人間の使命」を負った胎児のために，両親は言行に注意して保育しなければならない。

誕生直後の乳児，すなわち「乳のみ子（Säugling）」はその名のとおり「のみ込む（saugen）」ことを唯一の活動とし，母乳だけでなく「外部の多様性を受け取り，それを自分の中に取りこむ」（フレーベル，1964：38）ので，貧しくても純粋，清潔な環境で養育せねばならない。なぜなら，幼少期に吸収したものや青少年期の印象は，生涯ほとんど克服できないものであるから，とフレーベルは主張する。

幼児期の発達においては「あらゆる善の源泉は，遊戯の中にあるし，また遊戯から生じてくる」（フレーベル，1964：71）として，遊戯の重要性が述べられる。すべての成長段階がそれぞれに重要であるとしながらも，周囲のものを理解しだす出発点として特に幼児期を重視し，幼児の発達に欠かせない「最高の段階」と認める遊戯を重んじた。遊戯と近しい関係にある描画・唱歌なども また幼児の教育活動として重視され，この考えは後に幼稚園へと生かされる。

（2）「子どもの園」の創設

「一般ドイツ教育所」が衰退の末閉鎖された後，幼児教育に関心を向けたフレーベルは遊具を製作する。球体や立方体など単純な形からなるこの遊具は，「神から人間への贈り物」という意味で「**恩物**（Gabe）」と名づけられた。虹の色のうち青・緑・黄・橙・紅・紫の6色からなる六つのボールの第一恩物，木製の球・円柱・立方体からなる第二恩物，八つの立方体の集合である第三恩物などがある。フレーベルはとりわけ球形を「万物の似姿」として，生命の象徴とみなし重視することから，最初の教育玩具にボールを作ったといわれる。

1839年に幼児教育施設の「遊戯および作業教育所」を創立し，幼児教育の指導者養成所も併設される。この施設が翌年に名称を改められ，「**キンダーガルテン**（Kindergarten）」となった。一般に「キンダーガルテン」は幼稚園と訳され，「子どもの園」を意味する。幼児のために，孤児院や貧民の子を保護する施設しかなかった当時にあって，あらゆる子どもを受け入れ，教育する機関は画期的であった。このころの書簡に「幼稚園，それは子どもたちのために再び取り戻される楽園なのです」（ハイラント，1991：158）とある。自然を愛し，子どもを愛したフレーベルならではの言葉といえよう。その墓標にはフレーベルが好んだ，「さあ，私たちの子どもらに生きようではないか」という銘が記されている。

学習課題

①　本章の第1節を読み，「啓蒙」という意味をもつ西洋語と日本語の特徴，またカントによる説明を参考にしながら，自分の言葉で「啓蒙」を50字程度で簡潔に定義してみよう。

②　本章に出てきた思想家の生涯と思想のうち，あなたが最も共感を覚えた人物を一人取り上げ，その人物のどのような思想もしくは生き方に共感を覚えたか，他の人に口頭で伝えるつもりで300字程度でまとめてみよう。

引用・参考文献

稲富栄次郎『ペスタロッチ・ヘルバルトの教育思想』学苑社，1979年。
梅根悟『ルソー「エミール」入門』明治図書，1978年。
カッシーラー，E.『啓蒙主義の哲学』中野好之訳，筑摩書房，2003年。
カント，I.『啓蒙とは何か』篠田英雄訳，岩波書店，1950年。
倉岡正雄『フレーベル教育学概説』建帛社，1982年。
桑原武夫編『ルソー』岩波書店，1977年。
荘司雅子『フレーベル「人間教育」入門』明治図書出版，1984年。
荘司雅子監修，ミッシェンハイム，P.・酒井玲子編『写真によるフレーベルの生涯と活動』

玉川大学出版，1982年。
シラー，J.C.F. von『人間の美的教育について』小栗孝則訳，法政大学出版，2003年。
ナトルプ，P.『ペスタロッチ――その生涯と理念』乙訓稔訳，東信堂，2000年。
ハイラント，H.『フレーベル入門』小笠原道雄ほか訳，玉川大学出版，1991年。
フレーベル，F.W.A.『人間の教育（上）』荒井武訳，岩波書店，1964年。
フレーベル，F.W.A.『フレーベル自伝』長田新訳，岩波書店，1994年。
フレーベル，F.W.A.『教育の弁明』岡元藤則ほか訳，玉川大学出版，1977年。
ペスタロッチー，J.H.『隠者の夕暮・他』長田新訳，岩波書店，1993年。
ペスタロッチ，J.H.『白鳥の歌・他』田尾一一ほか訳，玉川大学出版，1963年。
村井実『いま，ペスタロッチーを読む』玉川大学出版，1990年。
ルソー，J.J.『エミール（上）』今野一雄訳，岩波書店，1962年。
ルソー，J.J.『エミール（中）』今野一雄訳，岩波書店，1963年。
ルソー，J.J.『エミール（下）』今野一雄訳，岩波書店，1964年。
ルソー，J.J.『社会契約論』桑原武夫・前川貞次郎訳，岩波書店，1954年。
ロック，J.『教育に関する考察』服部知文訳，岩波書店，1967年。

第10章

教育思想の展開

近代公教育制度が整えられていくにつれて，教育思想も学校教育により関連したものへとなっていく。本章では，最初にヘルバルトの教育論を概説し，現在の学校教育に影響を与えているヘルバルト派の教育論を紹介する。次に，新教育運動を簡単に解説した後，経験に焦点を当てたデューイの教育論と，プロジェクト・メソッドを中心にキルパトリックの教育論を概説する。デューイやキルパトリックの教育論は現在の学校教育を考えていくうえでも参考になる。最後に，教科の構造に着目したブルーナーの教育論を紹介する。ブルーナーの教育論は当時の学校教育に影響を与えたが，誰にとっても有効なものではなかった。その理由を含めて，ブルーナーの教育論を概説する。

1　教授法の定式化
——ヘルバルトとヘルバルト派の教育論

（1）教育学の科学化の構想

① ヘルバルトによる教育学の科学化

ヘルバルト（Johann Friedrich Herbart, 1776～1841）はドイツの哲学者，教育学者である。ヘルバルトの教育論の源泉はスイスでの家庭教師の経験にあるとされている。家庭教師を務めていた最後の年にペスタロッチに会い，ペスタロッチから大きな感銘を受けた。その後，ヘルバルトはペスタロッチの教育思想を体系化しようと試みている。

教育の歴史におけるヘルバルトの最大の功績は，当時まだ科学としての地位を得ていなかった教育学を科学化しようとしたことである。ここでいう科学化は教育実践に学問的根拠を与え，一つの体系にするというほどの意味である。

ヘルバルトは教育実践の学問的根拠を倫理学と心理学とした。倫理学は道徳を主に扱う学問領域である。ヘルバルトは教育の目的を道徳的な品性の形成にあると考えていた。心理学は教育の方法に関係している。心理学によって学習者の学習過程を把握できれば，それを授業方法に活用できるからである。

② 教育的タクトのための教育学の科学化

ヘルバルトが教育学の科学化を試みたのには理由があった。それは教職未経験者に対し，「**教育的タクト**」を科学によって準備したいということである。

教育的タクトは教育実践における教育者の「臨機応変な素早い判断」のことである（山名，2009：185）。「タクト」は指揮棒を意味する。教育実践は計画通りにうまくいかないことが多々ある。そうであっても教育者は教育目的の達成に向けて，指揮者のように学習者を導いていかないといけない。このような導きに必要なのが，臨機応変かつ即座に求められる教育者の判断である。

教育的タクトは教職未経験者にも求められる。そこで，ヘルバルトは教職未経験者であってもどのように教育すればよいかがわかる「地図」が必要だと考えた（ヘルバルト，1966：18～19）。ヘルバルトは教職未経験者の実践を支えるために教育学の科学化を構想したのである。

（2）地図の三つの領域――管理・訓練・教授とは

ヘルバルトが教職未経験者に用意した地図には三つの領域がある。「管理」「訓練」「教授」である。

管理は学習者に対し授業の前提条件を整えることである。授業の前提条件とは，たとえば授業中は静かにする，教師を無視しないようにする，といったことである（高久，1984：207）。このような前提条件が整っていなければ，道徳的品性の育成は難しい。授業を行ううえでの前提条件を整えることをヘルバルトは管理と呼んだ。

訓練は直接的に道徳的品性を育成する働きかけのことである。管理によって教室が静かになり，授業が行えるようになったとしても，いすにただ座っているということもありえる（したがって，管理は道徳的品性の育成を目指した働きかけではない）。この場合，授業内容は学習者に届かない。授業を受けるのに必要な道徳的品性を身につけさせ，それを持続させる必要がある。これがヘルバルトのいう訓練である（高久，1984：207〜208）。

教授は間接的に道徳的品性を育成する働きかけである。ここでの「間接的」とは教科書等を使用することを意味している（したがって，訓練における「直接的」とは教科書等を使用しないで学習者に働きかけることを意味する）。教科書などが使用されることで，学習者は自分の周囲といった身近で経験したことや身近な教師や友人たちとの人付き合い（交際）より広い範囲のことを学ぶことができる（小山，2016：295）。このように，教授は教科書等を用いることで道徳的品性を育成することである。

（3）教授の 4 段階説から 5 段階説へ

① 　ヘルバルトの 4 段階教授法

ヘルバルトは表象心理学に基づき，教授は四つの段階を経ると考えた。表象心理学は，表象（心の中に生じているイメージ）によって心の働きを説明する心理学のことである。

ヘルバルトによると，教授は「明瞭」「連合」「系統」「方法」の順で進んでいく。明瞭は授業で学ぶ対象をはっきりと捉えることである。連合は明瞭によって得た対象を別の対象（たとえば，前回の授業内容）と結びつけることである。系統は連合によって結びつけた諸対象を一つの秩序立ったまとまりにすることであり，方法は系統によって得られた成果を応用することである。この 4 段階で行われる教授の方法は**4 段階教授法**として知られている。

② 　ヘルバルト派の 5 段階教授法

ヘルバルトの 4 段階教授法はヘルバルト派（ヘルバルトの理論の継承・発展を目指す教育学者たち）によって**5 段階教授法**へと発展する。5 段階教授法で有名なのがツィラー（Tuiskon Ziller，1817〜1882）とライン（Wilhelm Rein，1847〜1929）のものである。ツィラーはヘルバルトの明瞭を「分析」と「総合」に分け，「分析」「総合」「連合」「系統」「方法」の 5 段階で教授が進むとした。

ラインの 5 段階教授法は「予備」「提示」「比較」「総括」「応用」である。予備は新しい学びの前に既習のことを思い出す段階のことで，提示は新しい教材を与えて身につけさせること，比較は新しく学んだことを以前に学んだことと比較すること，総括は比較までで得られたことを一つのまとまりあるものにすること，応用は総括したものを応用することである。ラインの５段階教授法の特徴は，ヘルバルトやツィラーのものが子どもの心理過程に即しているのに対し，教師の視点から設定されていることにある（佐藤，1996：17）。

ヘルバルト派の考えは単元の原型となったり，導入－展開－まとめという授業の展開の原型となったりとして，現代の教育に影響を及ぼしている（佐藤，1996：15～18）。しかし，教授の段階があまりにも重視され，授業の形式化や画一化をもたらしていると批判されることになった。

2　新教育の展開
――デューイの教育論を中心に

（1）新教育運動

① 新教育運動とは

19世紀末頃になると，ヘルバルトやヘルバルト派は「**旧教育**」として批判されることになった。旧教育とは教師・教科中心に教育を考える立場である。ヘルバルトやヘルバルト派は子どもに対し一方的に管理・訓練・教授を行っているとみなされた。それに対し主張されたのが「**新教育**」である。新教育では子どもの自発性や主体性，自己活動を重視することが説かれた（小山，2016：301）。新教育は子どもの自発性を重視するなど，「子ども中心」に教育を考える立場である。新教育の考え方に基づき，1890年代頃から1920年代頃までに行われた教育運動のことを「**新教育運動**」という。

② ケイの『児童の世紀』

スウェーデンの教育学者である**ケイ**の『児童の世紀』は新教育の代表的な著作の一つである。ケイは1900年に発表した同書で，現在の授業は詰め込み型であり，その原因は講義型の授業や内容の多さ，形式主義にあると非難し，子どもの自主性を認めるべきだと主張している（ケイ，1979：283）。

③ モンテッソーリ教育

モンテッソーリ教育で有名な，イタリアの**モンテッソーリ**（Maria Montessori, 1870～1952）の教育論も新教育の一つとして知られている。モンテッソーリは教育の基礎にあるのは子どもの自己活動であるとする（モンテッソーリ，1991：31）。そして，子どもが自己教育できるように感覚教育が提唱されている（モンテッソーリ，1974：138）。感覚教育は感覚を研ぎ澄ましていく教育のことであり，そのための独自の教具が準備されている。なぜ感覚を重視するかといえば，見たり聞いたりすることは感覚を通してなされるのであり，知識獲得，美的教育，道徳教育も感覚がいかに十全であるかにかかっているからである（モンテッソーリ，1974：178；1991：177）。

④　シュタイナー教育

シュタイナー教育の創始者である**シュタイナー**（Rudolf Steiner，1861～1925）も新教育の代表的な人物の一人であるとされている（山名，2009：198～199）。シュタイナーは教育を彼独自の発達観から構想している。それによれば，人間は肉体，エーテル体（生命体），アストラル体（感覚体），自我で成り立っている。肉体は無生物の世界と同じようにできている。無生物と同じ性質である肉体に成長などの現象を生じさせる働きをするのがエーテル体である。アストラル体は快苦や欲望，情念などの担い手である。自我は自分のことを私といえる能力の担い手である（シュタイナー，2003：17～25）。この四つから構成される人間は7年周期で発達していく。すなわち，最初の7年でエーテル体が完成し，次の7年でアストラル体が，最後の7年で自我が完成するということである。シュタイナーはこの発達段階に合わせた教育を行っていくことを提唱した。

（2）デューイの教育論――経験からみた教育

①　デューイの教育論の特徴

新教育において，アメリカの哲学者，教育学者である**デューイ**の教育論に言及することは欠かせない。デューイの教育論は進歩主義教育（アメリカでの新教育の呼称）の理論的支柱とされている。デューイの教育論は，日本も含めて世界的に影響を与えた。

デューイの教育論の特徴は「**経験**」から教育を考えるということである。デューイのいう経験は，自分が対象に対し「試みること」と，その結果を「被ること」によって構成される（デューイ，1975：222）。たとえば，火傷の経験は指を炎の中に突っ込むだけでは生じない。これだけでは指を炎の中に突っ込むという「試みること」しか行われていないからだ。炎によって「苦痛」という「被ること」が得られて，火傷を経験したということになる。それによって炎の中に指を入れることは火傷を意味するようになる（デューイ，1975：222）。

このような経験概念から考えると，教育は「経験を絶え間なく再組織ないし改造すること」になる。これは経験をつくりなおすことによって，経験から意味を得ていき，さらには今後の経験をより望ましい方向にコントロールできる能力を高められるようにすることを意味している（デューイ，1975：127）。

②　成長としての教育

経験からみたとき，教育の唯一の目的は「**成長**」，すなわち「経験の絶えざる再構成」である（デューウィ，1968：159〜160）。「経験の絶えざる再構成」は「経験の絶え間ない再組織」と同じ意味の表現である。

教育の唯一の目的が成長であるということは，たとえば道徳的に完成した人間を育てるといった目的を事前に掲げない，ということである。成長のよりよい到達点は事後的に確認できるものである（田中，2009：268〜269）。教育の到達点である目的は事前にわかるものではなく，事後的にわかるというのが，成長としての教育の特徴である。

（3）問題解決学習

①　問題解決学習とは

デューイの学習理論は一般的に「**問題解決学習**」として知られている。デューイの学習理論も経験を観点に考えられている。問題解決学習の要点は問題解決を通して学ぶということにある。学びに問題解決が必要なのは「思考」と関係している。

デューイによれば，経験から意味を得るには思考が必要である（デューイ，1975：230）。そして，思考が生じるときに必要なのが現在の状況における疑わしさ，今直面している状況で生じた問題である（デューイ，1975：235）。疑わしさが生じているからこそ，事態を調べようと思考する。この思考の過程は「探究」の過程であり，探究の過程を通して何かが習得されることになる（デューイ，1975：236)。問題がなければ思考が生じないので探究にならず，習得もなされない。だから，学びは問題解決の過程である。

問題解決において経験から意味を得て，意味が増えていくのだから，問題解決学習は「経験の絶えざる再構成」である。問題解決を行うのは学習者である。

②　問題解決学習における「子ども中心」とは

問題解決を通して学ぶ学習者を支援する際に役立つのが教科である。教科は人類が経験してきたことから成り立っている。したがって，教科は学習者が経験から得る意味を表している。学習者にとって，教科は経験から学ぶ内容である。それゆえ教育者にとって，教科は学習者の経験からどのように学びを導いていけばよいのかを知る手がかりになる（デューイ，2019：317)。

デューイの名言に次の言葉がある。「子どもが太陽となり，そのまわりを教育のさまざまな装置が回転することになる。つまり，子どもを中心として，その周囲にさまざまな教育の営みが組織されることになるのである」（デューイ，2019：142)。この言葉は教育を**「子ども中心」**に考えることを示している。

しかし，「子ども中心」だからとはいえ，教育者は何も支援しないわけでもない。経験から教育を考えた場合，教育者は教科などを手がかりに学習者の経験の再構成を支援する役割を担っている。

3　プロジェクト・メソッド
――キルパトリックの教育論

(1) プロジェクト・メソッドの概要

①　プロジェクト・メソッドとは

キルパトリックはデューイの弟子の一人である。デューイの教育哲学を継承し**「プロジェクト・メソッド」**という方法論を提示した人物として知られている。

キルパトリックは「プロジェクト」を「社会的環境の中で展開される全精神を打ち込んだ目的ある活動」としている（キルパトリック，1967：11)。キルパトリックによれば，たとえば，心を込めてドレスを作ろうとする意図をもち，自分自身で計画し，独力でドレスを作りあげたのであれば，この活動をプロジェクトと呼ぶことができる（キルパトリック，1967：13）。

② プロジェクトの四つの型

プロジェクトは簡潔にいえば「目的のある活動」である。プロジェクトの目的に注目すると，プロジェクトは四つの型に分類される。一つ目は，たとえば，船をつくったり手紙を書いたりといった，何かをつくりあげることである。このように，何かをつくりあげることを目的とする活動がプロジェクトの第一の類型である。第二の類型は，たとえば物語や交響楽を聴いたり，絵画を鑑賞したりと，美を味わうことを目的とした活動である。第三の類型は，たとえば霜が降るかどうかを予知することといった，知的に難しい問題を解明することを目的とした活動である。最後の第四の類型は，たとえばフランス語の不規則動詞を書けるようにするといった，物事の習熟や知識の習得を目的とした活動である（キルパトリック，1967：49〜50）。

キルパトリックによると，第一の類型は「目的を立てること」「計画すること」「遂行すること」「判断すること」の段階で進む（キルパトリック，1967：50）。キルパトリックはこの第一の類型を当時の学校に対して採用するよう勧めている。また，第四の類型も第一の類型と同じように進むとし，教師はプロジェクトとしてのドリルと与えられた課題としてのドリルの違いをはっきりとわかっていないとしている（キルパトリック，1967：52〜53）。アクティブ・ラーニングを推奨する現在の学校教育に対して示唆深い指摘である。

③ 学校教育におけるプロジェクトの意義

キルパトリックが学校教育でプロジェクトを重視したのは，目的ある活動が民主的な社会での価値ある生活の典型的な要素だからである。学校教育にプロジェクトを導入することは，目的ある活動を導入することである。それは学校教育が価値ある生活と一致することでもある。したがって，プロジェクトの導入は価値ある生活のための最もよい準備となり，かつ，現在の生活それ自体も価値ある生活となる（キルパトリック，1967：18〜20）。キルパトリックは価値ある生活の実現のために，プロジェクトを強調している。

（2）基本学習・連合学習・附随学習

① 基本学習・連合学習・附随学習とは

キルパトリックはプロジェクトにおいて学習者に三つの反応があると指摘している。基本的反応，連合的反応，附随的反応である。この反応は学習にも対応している（キルパトリック，1967：28～29）。すなわち，**基本学習**，**連合学習**，**附随学習**という三つの学習である。

基本的反応は学習課題，たとえば凧を制作するという課題に対して生じる反応である。したがって，基本学習とは凧の制作を学んだといった学習になる。連合的反応は課題を行っていくうえで生まれた何らかの示唆から新たな考えを得た際に生じている反応である。つまり，連合学習は課題に対して自分なりに得た示唆から学んだことを意味している。附随的反応は課題に取り組む際に感じた自尊心や卑下といったことである。これらは態度として学習されることになる。このような学習が附随学習である（キルパトリック，1967：28～29）。

② 附随学習と連合学習の意義

キルパトリックは附随学習が学校教育で着目されてこなかったと指摘している。さらには，たとえば授業において生徒たちがいやいやながら教科書を読んでいることによって，本に対する嫌悪感を抱かせたり，本を読み思索することを妨げたりしていると糾弾している（キルパトリック，1967：34～35）。ここでは授業によって本を嫌がることを学んだという附随学習が描かれている。このように，附随学習は今後の学習に負の影響を与えることもある。

もちろん，附随学習はその逆の影響を与える可能性もある。たとえば教科書で学んでいくうえで自尊心を生むような附随的反応を得られれば，本を読むことに前向きになる態度が形成されるであろう。また，教科書を読むことに前向きであれば，様々な示唆を得ることができるであろう。

このような好ましい附随学習や連合学習に必要なのが目的ある活動，すなわちプロジェクトである（キルパトリック，1967：34）。学校教育を価値ある生活にするということは，基本学習のみならず，連合学習や附随学習を充実させることにつながる。プロジェクト・メソッドは生活と学習をともに充実させる学習の在り方なのである。

4　教科の構造
――ブルーナーの教育論

（1）構造と発見学習

①　構造への着目

ブルーナーはアメリカの心理学者である。心理学者であるブルーナーが教育の領域で名前が知られるようになったのは『教育の過程』(1960) を発表したからである。『教育の過程』はウッズ・ホール会議の報告書であり，議長であったブルーナーの観点からまとめられている。

ウッズ・ホール会議は1959年に開催された。その目的は，当時の科学教育を新しくしようとする動きを，将来のよりよい発展に導くために全般的に評価しておこうというものであった（ブルーナー，1963：xxi)。この動きにおいて注目されていたのが教材の「**構造**」であった（ブルーナー，1963：2)。

②　構造とは

構造は簡単にいうと「何かと何かのつながり（関連)」のことである。学校教育で扱う内容には構造をもっているものがある。第一に知識である。私たちは知識を何かと何かを関連づけた形で習得している。たとえば，化学の知識としての食塩（NaCl）はナトリウムと塩素の化合物として習得される。食塩という知識がナトリウムと塩素をつなげられて（関連させられて）表現されている。このようなつながり（関連性）が知識の構造である。

③　発見学習とは

知識の構造には原理と呼ばれる考え方が含まれている。たとえば食塩としてナトリウムと塩素がつながっている理由は，イオン結合という考え方で説明される。このように，構造として存在するには原理（考え方）が必要になる。

ナトリウムと塩素がイオン結合によってつながっているとしたのは私たちの思考である。原理から構造がつくりだされている場は私たちの頭の中である。したがって，構造を学ぶということは，自分の頭の中で構造をつくりだし，つくりあげた構造を「発見」することである。このように知識の構造を発見する学習のことを「**発見学習**」という。

（2）教科の構造とブルーナー仮説

① 教科の構造と学問の構造

教科にも構造がある。なぜなら，教科内容はさまざまな知識がつながりあい，一つにまとまったものだからである。知識の構造と同じく，教科内の様々な知識にまとまりをもたらすのも原理である。教科の構造にある原理は学問に由来している。教科内容はその母体となる学問（たとえば，科学としての化学）を参考に構成されているからである。それゆえ，教科の構造を理解するには，その学問の原理を理解するために，学問の構造を理解する必要がある。教科の構造を重視すると学問を強く意識せざるをえないので，『教育の過程』で提示された考え方は**学問中心主義**と呼ばれている。

② ブルーナー仮説

知識，教科，学問の構造の内容に違いがあっても，原理によって何かと何かがつながっている点は同じである。そうであれば，もしも教科の構造にある原理を目の前の児童生徒に理解できる形で教えることができれば，どの年齢であっても，児童生徒は学問という知的性格のレベルをある程度保って教科の内容を学ぶことができる。学問に由来する教科の原理を知れば，知識の構造を自分で生み出すことができるからである。

このような考え方から，「どの教科でも，知的性格をそのままにたもって，発達のどの段階のどの子どもにも効果的に教えることができる」（ブルーナー，1963：42）という**ブルーナー仮説**が提示されている。

ブルーナーはこの仮説を検討していく際に，子どもの発達を促すことに言及している（ブルーナー，1963：50）。ここにはヴィゴツキーの「発達の最近接領域」という考えを感じ取ることができる。

（3）発達の最近接領域と足場かけ

① 発達の最近接領域とは

ヴィゴツキーはロシアの心理学者で，発達の最近接領域の提唱者として知られている。**発達の最近接領域**とは，「現在の発達水準」と「可能的発達水準」のへだたりのことである（ヴィゴツキー，2003：63～64）。

現在の発達水準はある問題を自主的に解けるか否かで判断される発達水準のことで，「成熟している」状態のことである（ヴィゴツキー，2003：63〜64）。可能的発達水準は独力ではこの問題を解けなくても，大人や自分よりも知的な仲間に手助けされるなら，その問題を解決できるレベルのことで，次の発達に向けて「成熟しつつある」状態のことを指す（ヴィゴツキー，2003：64）。

ヴィゴツキーは発達の最近接領域に基づき，子どもに何かを教える際には発達の先回りをするほうが正しいと主張している（ヴィゴツキー，2001：297〜302）。つまり，独力でできることだけでなく，誰かとともにできることを踏まえて何かを教えるべきだということである。

② 足場かけとは

ブルーナーは発達の最近接領域という考え方が書かれたヴィゴツキーの主著である『思考と言語』の英訳版に序文を書くなどし，アメリカでのヴィゴツキー理論の普及に貢献した。また，ブルーナーも発達の最近接領域に示唆を得て，「**足場かけ**」という概念を提唱した。足場かけは「依存した状態から自立するための支援へと，段階的に大人が子どもに手を貸しながら学習をサポートすること」である（シュミット，2014：187）。

ブルーナーはヴィゴツキー理論に影響を受けている。そのため，『教育の過程』にヴィゴツキーの影響があるのかもしれない（嶋口，2018：113）。

（4）ブルーナー仮説と貧しい家庭の子ども

① ブルーナー仮説と貧困家庭の子ども

論理的に考えれば，『教育の過程』で提示されたブルーナー仮説はまったくの絵空事ではない。原理さえ目の前の子どもの発達段階に合わせることができれば，学問という知的性格を保った内容をどのような子どもにも教えることはできるであろう。もちろん，原理をわかりやすく提示できる力量が教育者には求められる。その力量がなければ，ブルーナー仮説は成立しない。

しかしそれ以上にブルーナー仮説を不成立にする要因があった。子どもの家庭状況，とりわけ貧困家庭の子どもの状況である。

② 貧困家庭が子どもに与える影響から見た就学前教育の大切さ

ブルーナーが貧困家庭の子どもから気づいたことは，貧困家庭の子どもたちは学校に来る前から学校には何の意味もないと感じているということだった。そのため，学校に来る前に，その状態を改善すべきだと訴えた（ブルーナー，1974：26～29）。

ブルーナーは「**ヘッド・スタート計画**」の立案者の一人である（ブルーナー，1974：28；嶋口，2018：181～184）。ヘッド・スタート計画とは1960年代半ば頃から開始され現在も続く，アメリカ政府が所得の低い家庭を対象に行う就学前の補償教育等を含めたプログラムのことである。

ブルーナーがヘッド・スタート計画にかかわったのは，次の事実を突きつけられたからである。それは，どんなに学校での教え方が改善されたとしても，就学前の子どもの状況次第では意味がない，という事実である。

後に，ブルーナーは教育を「文化」と結びつけて考えるようになった。この理由は，貧困家庭を取り巻く状況，すなわち貧困家庭の「文化」が学校教育に強く影響することに気づいたからである（ブルーナー，2004：xi）。

現在の日本の学校教育において，貧困家庭に暮らす子どもを意味する「**子どもの貧困**」が課題とされている。学校教育を意味あるものにするために，ブルーナーは貧困家庭の子どもに就学前の教育を手厚くすることを説いた。ブルーナーが教科の構造を教えることに失敗した要因を就学前の教育に見出したことは，現在の日本の学校教育にも示唆を与えるものであるように思われる。

学習課題

① この章で紹介された学習方法がどのように今日の学校教育に活用できるか，具体的に考えてみよう。

② 子どもの貧困の実態がどのようなもので，学校教育にどのような影響を与えているか調べてみよう。

引用・参考文献

ヴィゴツキー，L.S.『新訳版　思考と言語』柴田義松訳，新読書社，2001年。

ヴィゴツキー，L.S.『「発達の最近接領域」の理論――教授・学習過程における子どもの発達』土井捷三・神谷栄司訳，三学出版，2003年。

小山裕樹「ヘルバルト教育学」真壁宏幹編『西洋教育思想史』慶應義塾大学出版会，2016年，

285～302頁。
キルパトリック，W.H.『プロジェクト法　教育過程における目的ある行為の使用』市村尚久訳，明玄書房，1967年。
ケイ，E.『児童の世紀』小野寺信・小野寺百合子訳，冨山房，1979年。
佐藤学『教育方法学』岩波書店，1996年。
嶋口裕基『ブルーナーの「文化心理学」と教育論 「デューイとブルーナー」再考』勁草書房，2018年。
シュタイナー，R.『子どもの教育　シュタイナー・コレクション１』高橋巖訳，筑摩書房，2003年。
シュミット，S.『幼児教育入門――ブルーナーに学ぶ』野村和訳，明石書店，2014年。
高久清吉『ヘルバルトとその時代』玉川大学出版部，1984年。
田中智志「デューイと新教育」今井康雄編『教育思想史』有斐閣，2009年，265～281頁。
デューイ，J.『民主主義と教育（上)』松野安男訳，岩波書店，1975年。
デューイ，J.「子どもとカリキュラム」上野正道訳者代表『デューイ著作集６　教育１　学校と社会，ほか』上野正道・村山拓訳，東京大学出版会，2019年。
デューウィ，J.『哲学の改造』清水幾太郎・清水禮子訳，岩波書店，1968年。
ブルーナー，J.S.『教育の過程』鈴木祥蔵・佐藤三郎訳，岩波書店，1963年。
ブルーナー，J.S.『人間の教育――講演・論文と解説』佐藤三郎訳編，誠信書房，1974年。
ブルーナー，J.S.『教育という文化』岡本夏木・池上貴美子・岡村佳子訳，岩波書店，2004年。
ヘルバルト，J.F.『一般教育学』三枝孝弘訳，明治図書，1966年。
モンテッソーリ，M.『子どもの何を知るべきか　モンテッソーリの教育　子どもの発達と可能性』林信二郎・石井仁訳，あすなろ書房，1991年。
モンテッソーリ，M.『モンテッソーリ・メソッド』阿部真美子・白川蓉子訳，明治図書，1974年。
山名淳「ヘルバルトから新教育へ」今井康雄編『教育思想史』有斐閣，2009年，183～203頁。

第Ⅳ部

学校の意味

第11章

学校と社会

公立学校のみならず，私立を含めた学校が「公教育」として多くの人々に対して開かれ，公共性を備えている以上，学校は何らかの形で「公」である社会からの要請を受けている。そのため学校は，社会の在り方の影響を受けて新たに設置されたり，変化したりしている。一方で，教育を受けた青少年が社会の新たな構成員となることで，学校および学校での教育は社会の維持や発展にかかわり，社会に影響を与えてもいる。このような影響関係にある学校と社会について，本章ではまず教育における「学校」の特性や「社会」の範囲について，そして両者のかかわりについてなど，その基礎に立ち返って考える。次に社会との関係を深く思索した学校論をデューイから学ぶ。その理論を踏まえたうえで，現代の社会の諸課題と学校教育の関係性に見られる問題を取り上げて社会と学校との摩擦を考える。そして，そのような現実的な課題があるために社会からの要請を強く受けがちな中で，社会の要請だけに従属するわけではない本来の学校教育の在り方を問うために，「愛の場所」という教育の根源的な理念を参照したい。

1　学校および社会の特質

（1）教育の領域区分と学校・社会

社会と一個人とのかかわり方を考える際，個人を中心として，家庭・学校・社会へと同心円状に拡大する領域区分が一般的に想定される。この図式は個人の成長に着眼した教育論である人間形成論にも当てはまり，家庭教育・学校教育・社会教育という区分で領域の拡大を考えることが可能である。

教育学者の新堀通也は，それぞれの教育領域が備える特性を，表 11－1 のよ

表 11－1　家庭教育・学校教育・社会教育の特性比較

	家庭教育	学校教育	社会教育
制　度	私的，非形式的，非定形的	公的，形式的，定形的，固定的（法的なわくが強く，全国的に統一された基準があり，条件変化に直ちに対応できない）	私的，非形式的，非定形的，多様，柔軟（個々の地域的，個人的要求に対応し，条件変化に直ちに対応できる）
形　態	親中心的，受動的	教師中心的，受動的	相互教育，能動的
構　造	•垂直的 •成員は少数で確定	•教師と生徒では垂直的，生徒相互では水平的 •成員は相当多数で確定	•多様 •成員数は不定
関　係	非形式的，人格的，自然的，情意的	形式的，人為的	多様
主　体	親（原則として二人）（教育についての非専門家，教育は職業ではない）	教師（教室では原則として一人）（教育専門家，教職資格が必要，教育は職業）	必ずしも教師はいない。無限定，多様，主体と客体とが随時交代
客　体	独立前の子供，少数	生徒（主として青少年，教育を受けることは本務），多数，地域・年齢などの点で同質的	多様（教育を受けることは本務ではない）
参　加	強制的	強制的	自発的
時　間	•長期（子供の独立まで） •本務以外の時間 •随時	•限定（一定した在学期間，主として青少年期） •本務時間に対応 •学年暦，時間割に基づく	•無限定，生涯 •余暇利用 •随時
場　所	•限定（家庭内） •小規模	•限定（学校内） •中規模	•無限定（随所） •規模多様
学習内容	•未分化，非系統的 •行動様式，言語などが中心 •多様	•計画的，系統的，分化 •知的，抽象的，記号文化が中心 •画一的（カリキュラムに基づく）	•非計画的，非系統的 •具体的，実際的，実用的，行動的な性格が強い •多様，個性的，実生活に密着

出所：新堀，1975，26頁。

うにまとめている。この三つの領域区分は，子どもが乳幼児期を主に家庭で過ごし，児童期から小中学校などの学校教育を経て，社会へと巣立つという，人生の大まかな流れとしても考えられよう。とはいえ教育に占める社会的領域区分の変遷は，人間の発達に伴い時系列的に家庭から学校，社会へと明確な順を追って配列されるものではない。家庭教育と同時に地域社会での社会教育があり，社会生活に乗り出した後に再び学校へと戻り，再教育を受ける場合があるなど，個々人が受容する教育の社会的領域の実態は，複雑に入り組んでいる。

フランスの社会学者デュルケーム（Émile Durkheim, 1858～1917）は「教育は，未成年者の**体系的社会化**である」（デュルケーム，1982：59）と定義し，「社会」を最後に据えた流れの考え方に沿うかのように，個人が社会の一員に加わるための過程として教育を性格づけている。そして，デュルケームが「体系的」という言葉を用いるとおり，教育には個人の成長を促すうえで意図的・計画的に実施されている側面がある。

ここで改めて表 11 - 1 の「学習内容」を見比べてみると，三区分のうち，家庭教育と社会教育には「非系統的」という特徴が記されている。この両者は，「体系的」な教育というよりも，家庭や社会で得られる経験や生活そのものによって，自然と教育的な状況が立ち現れる場合が多い。それに対して学校教育には「計画的，系統的」という特徴が示されているが，学習内容や目的，手段などをあらかじめ定めたうえで教育がなされるところに意図的・計画的性格が強く現れている。この点は，学校教育について規定した「教育基本法」第 6 条第 2 項の「前項の学校〔「法律に定める学校」を指す〕においては，教育の目標が達成されるよう，教育を受ける者の心身の発達に応じて，体系的な教育が組織的に行われなければならない」（〔 〕内筆者注，傍点は筆者が付記）という文言にも認められる。

そのため，社会化に向けた意図的な働きかけがより強く，組織的になされる場であり，他の領域と比べてデュルケームのいう「未成年の体系的社会化」（傍点は筆者が付記）がなされるうえで主要な役割を果たす場が学校だといえるだろう。

ただ，いくら学校教育が「体系的社会化」の役割を主に担うにせよ，すべてが目的や計画のとおりに成し遂げられるわけではない点も注意を要する。教員の言動や学校の学習環境，学校風土，教育制度などから，暗黙のうちに学習者が教育され，学び取っている面もある。これを「**隠れたカリキュラム**（hidden curriculum）」または「潜在的カリキュラム（latent curriculum）」といい，一例としては，社会的に形成された性差（ジェンダー）に対する偏見の意図しない学習がよく挙げられる。隠れたカリキュラムは，目的や意図をもって公的に定められたカリキュラム（顕在的カリキュラム，第1章参照）以上に大きな影響をあたえる可能性もあるので，無意図的な，あるいは意図に反してすらある「非体系的」な教育が学校で占める役割の大きさを無視することはできない。

また一方で，家庭教育においても，躾や生活習慣の形成など，基礎的な社会化を図る働きかけが意識的になされているように，家庭生活の長い営みからすれば部分的で，体系性は乏しくあるものの，社会化に向けた意図を明確にもった養育・教育場面があることも看過できない。

すなわち，学校教育は他の教育領域と比較した際「体系的社会化」の主要な段階であるのは間違いないが，社会化のすべてを担うものではない。また組織的・体系的な教育を行ってはいるものの，体系化され設定された目標どおりに学習者の社会化が進展するとは限らず，むしろ「非体系的」な社会化が起こっている可能性も考えられる，といった複雑さに目を配る必要がある。これらの点を見逃すと，学校が社会を思いどおりに創造する万能の存在であるかのように捉えられたり，逆に社会問題の元凶がすべて学校教育に転嫁されるといった単純化の過ちに陥ってしまうことにもなりかねないからである。

（2）「社会」の多義性

これまで社会という語を何の説明もなく用いてきたが，社会と聞いてどのようなものを思い描いただろうか。ここでも単純化した想定がまねく思い込みを避けるために，まずは社会という語がそなえる多義性について考えてみたい。

たとえば学校とのかかわりの中で「社会」というと，「社会科」や「公教育」といった言葉が連想されるかもしれない。社会科の各分野に当たる歴史や地理，公民では，国家規模での話題が多分に含まれており，また公教育について論じられるのは国家による制度設計や法規の問題（学習指導要領，「学校教育法」，同施行規則，「教育基本法」など）であることが少なくない。そういった学校を中心に据えた発想からすれば，社会といえば国家や世間などの大きな枠組みが連想されがちと推察される。一方で「三人寄れば公界（くがい）」ということわざがある。人が三名集まったところでの話は秘密にとどめておくのは難しい，三人集まれば公的な場所に同じ（だから，少人数の場でも言動には気をつけたほうがよい）という意味である。この言葉からは，小集団の間にも公共性が発し，何らかの社会性が生じている，という点が意識される。

また「社会」の語源をたどると，社会をあらわす英語の society の源流にあたるラテン語の societās は，「結ぶ，結び合わせる」を意味する動詞の sociō に由来する語で，共同や結合，団体や結社などと訳される。つまり結びつきの中でも特に「人と人」との関係が生じるところに着目した語が societās であり社会（society）であるといえよう。

このように考えると，社会とは国家のような大きな枠組みだけでなく，人と人との結びつきが生じる大小様々な規模の単位や，多様な関係の在り方で存在していることが指摘できる。

社会の多様な在り方としては，時代による認識の違いも認められる。古代ギリシアの哲学者アリストテレスは著書『政治学』の中で「人間は**社会的動物**である」と言ったとされるが，この言葉は人間の本性を定義する語としてしばしば教育学で取り上げられ，人間形成上で社会性を育成する必要を述べる際の簡潔な表現として示されることがある。ところが同書を翻訳した山本光雄は，同じ文章を「人間は自然に国的動物である」（アリストテレス，1961：35）と訳し，「社会的動物」とはしていない。「社会的動物」または「国的動物」の原語はゾーオン・ポリティコン（ζῷον πολιτικόν，英語では zōon politikon）であって，「ポリス的動物」とも訳されるが，「社会的動物」と訳さなかった理由を山本は「ポリスと区別されて，別に社会というような共同体がギリシア人たちにはまだ意識されなかったから」（山本，1961：454）だと述べる。ここからは，古代ギリシアという時代と地域の限定の中では，私たちが想定する「社会」とは違った共同体様式（ポリス）が，人間本性を開花させる必然的な基盤として認識されていたと理解される。

時代による社会認識の変化の理論としてよく知られるのは，ドイツの社会学者テンニースの説である。テンニースは社会を，自然な結びつきからなる**ゲマインシャフト**（Gemeinschaft：共同社会）と，人為的な結びつきからなる**ゲゼルシャフト**（Gesellschaft：利益社会）に区分する（第2章参照）。そして古代社会に優勢であったゲマインシャフトに対し，近代社会はゲゼルシャフトが中心になっているという。先の山本の主張は，現代からみてゲマインシャフト的性格が強いポリスの影響力の大きさと，私たちの認識の違いを言い表していると表現することもできそうである。

ところで教育学者の堀尾輝久は，社会共同体についてある程度の共通認識があったとみられる古代ギリシアの思想家の間においても，教育の社会（ポリス）へのかかわり方に対する考えは異なるとして，次のように指摘している。

> 教育の社会的機能を社会の更新に求めるか，社会の維持という保守的な役割に期待するかによって，教育観は分かれてきます。すでに，プラトンが教育の社会革新的機能に着眼したのに対し，アリストテレスは社会持続の機能を強調したのでした。（堀尾，1989：101）

このように，ギリシアの哲学者の間ですら教育の社会へのかかわりに対する考え方が大きく異なるなら，たとえ社会への認識がいくら共通していても，ギリシアの昔から，教育観とは常に対立をはらむものであったといえよう。

それでは，翻って私たち自身の時代と社会を省察すれば，私たちが「社会」という言葉でもって指し示すものは何であろうか。「ポリス」として共通認識がなされた古代ギリシアとは異なり，同じ「社会」といっても，地縁社会（これもまた，様々な範囲で考えられる）であったり，国家であったり，ゲゼルシャフトの一類型である会社組織のような職業によるつながりであったり，ゲマインシャフトの一類型である宗教によるつながりで結びついた共同体であったり，様々な範囲や類型の存在を指摘することができる。広辞苑（第六版）では「社会」の項目に「家族・村落・ギルド・教会・会社・政党・階級・国家などが主要な形態」であると列挙しているが，「学校と社会」のかかわりといった際に，学校に対する社会として，このような形態の広がりは考えられているだろうか。

たとえば，社会とのかかわりにおいて学校を論じる時に，「社会から閉鎖された学校」，「旧弊なままの学校を出て先進的な社会へ」，などのように，学校と社会を対立項のように捉え，そのうえで学校を社会の常識から遊離した組織とみなす批判的な言説は少なからず受け容れられやすい。ところが，そのような批判でいわれる「社会の常識」なるものが通用する「社会」とは，上述のような形態の多様性を考慮したうえでの社会なのだろうか。実のところ話者がかかわり見知っている限られた産業社会の中での常識，といった視野の狭さに気づかないまま「社会」の語を用いてはいないだろうか。

社会という言葉はその多義性（ambiguity：曖昧さ）によって，むしろ言葉のさす範囲が曖昧で不明瞭だからこそ，「社会」に対する言説は，各人の想定する社会像に合わせて受け容れられる。言い換えると，それぞれの人によって「社会」として考えられる対象が違うまま，同じ語で論じられているのである。このような「社会」の語の多義性は，認識の違いを曖昧にして誤解を招いたり，臆見を許すことにつながるとすれば，議論を妨げる要素だといえよう。

しかし，「社会」には多義性（曖昧さ）が備わるからこそ，違いがある一方で共通性が認められたり，変化をもたらすあらたな関係性の在り方，見方をも包摂できる懐の広さ（多様性）を備えているとも考えられる。たとえばギリシアのポリスと現代の国家が大きく異なるように，違いがありながらも人と人とを結びつける紐帯の存在する場を，共に社会として認識することで，個人にかかわる多様な「社会」に対し共通性が認められ，それによって統一的な理想や目的を据えることが可能となるのである。

そこで，社会とはなにかを曖昧なまま十把一絡げにして学校に影響する対象を見誤る弊に陥ることなく，自身が生きる同時代の社会の多様性を弁別して明らかにしながら，なおかつ社会の多様性に共通する統一的な理想や目的を措定し学校の目的を示すことで，学校と社会のかかわりに対し深い洞察を示した思想の好例として，デューイの教育論を見てみよう。

2　学校という「小社会」

（1）民主主義の教育――デューイ

第二次世界大戦後，民主主義国家として再生した日本の教育に大きな影響を与えたことで知られるデューイは，アメリカを代表する教育者であり，哲学者である（第10章も参照）。デューイは主著『民主主義と教育』（1916）において，「共同社会すなわち社会集団が，絶え間ない自己更新を通して自己を維持するということ，そして，この自己更新は，その集団の未成熟な成員が教育を通して成長することによって，行われるということ」（デューイ，1975：25）を明らかにした，と自ら述べている。ここからは，教育による若者の社会化だけでなく，教育による社会そのものの成長・発展，すなわち現状肯定的に社会を維持するのではなく，理想に向けて社会を変革するうえで教育が重要な役割を果たすという，教育のより幅広い価値づけが認められる。

デューイの思想は**プラグマティズム**（pragmatism），すなわち「実用主義」の哲学から始まるが，教育が知的・感情的な方向性を形づくる過程ならば「哲学は，教育の一般的理論と定義することさえできる」（デューイ，1975：201）との考えから，教育に取り組んでいる。それまで教育哲学といえば，哲学を応用して教育に生かすものであった。しかしデューイは，哲学と教育とは本質的に密接な関係にあって，哲学は本来教育の理論であり，そして教育は哲学の具体化であるという立場から，教育と哲学を一つのものとして考察する。

またデューイは自らの思想を「道具主義」，「実験主義」と呼ぶ。実験・経験から得られた正しい知識を，生活に役立てる道具とみなすからである。この発想は，具体的に「**実験学校**（Laboratory School）」という形で結実する。

（2）教育の実験場――『学校と社会』

1896年，デューイはシカゴ大学に附属の実験学校（小学校）を設置し，この学校は「デューイ・スクール」と通称された。ここでの三年間の実践報告として，生徒の親や後援者を前になされた講演が著書『学校と社会（*The School and Society*)』（1899）となった。

同書では，旧来の教育が教え込みや一斉授業など大人の利便を中心にすえたのに対し，第10章でも取り上げた「子ども中心」，すなわち**児童中心主義**の教育思想が明確に打ち出される。子ども中心の思想はルソーやフレーベルにも見られるが，実際に大きな社会的効果をもたらしたのはデューイの教育論による。

新教育と呼ばれる一連の運動の中で大きく取り上げられた児童中心主義は，一方で子どもの放任ともいうべき状況を生み出した。この状況は現在も見受けられる困難な問題である。しかし，それはデューイ思想の問題点というより，その不徹底にあるとも考えられる。『学校と社会』ではすでに「指導によって，つまり組織的にとりあつかわれることによって，子どもの諸々の活動は……価値ある結果へとむかう」（デューイ，1957：47）ことを承知すれば，新教育の問題点はほぼ解消される，と述べられている。児童中心といっても，学校という組織だった教育活動の場に，教員の指導は必要とされるからである。

だが，指導といっても学習は詰め込みであってはならず，「学校を生活と関連せしめよ。しからばすべての学科は必然的に相関的なものとなる」（デューイ，1957：93）とされる。ペスタロッチに通じるこの思想は，「**なすことによって学ぶ**（Learning by doing）」という語に大成される。ただ，ペスタロッチが家庭教育を重視したのに対し，デューイは学校を「**小社会**」と考え，家庭という社会のみならず，「大社会」である実社会とのつながりを重視する教育を考えた。

そのような，小社会である学校と大社会とのつながりの視覚的表現として，『学校と社会』では図11－1の図（引用文中「第2図」）が示されている。これについて，デューイは次のように述べる。

> この第二の象徴的な図（第2図）において，私は学校制度の諸部分を統一する唯一の途はじつに各部分を生活に統一するにあることをしめしたいと思うのである。学校制度それ自体に視野をかぎっているあいだは，われわれはたんに人為的な統一しか得ることができない。われわれは学校制度を社会生活というより大なる全体の一部分として眺めなければならぬ。
>
> （デューイ，1957：79）

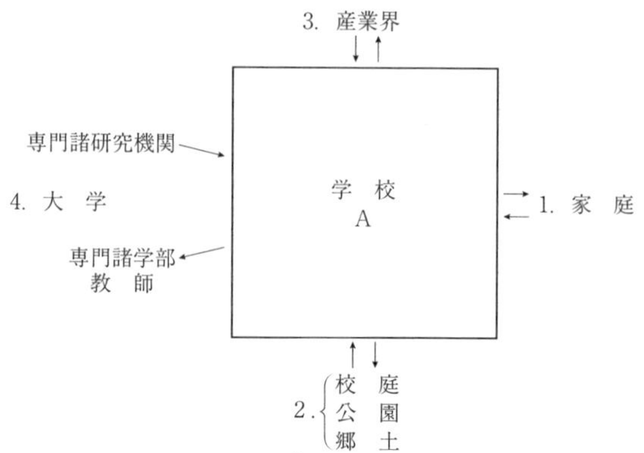

図11－1　小社会と大社会とのつながり（第2図）

出所：デューイ，1957，80頁。

ここでは「生活」を統一的な原理として，学校という社会が多面的な社会と相互に交流することが象徴的に示されているとわかる。「生活からの学校の孤立」（デューイ，1957：81）を問題視するデューイは，社会の様々な生活体験を仮に経験し，子どもが社会に好意的な興味・関心を抱くことで，自発的な社会とのかかわり方を身につけ，さらなる社会の進歩をすべての子どもたちが積極的に担うような性向を育てることを期待する。

デューイの教育思想は，すべての人間の自由を尊重する民主主義への信頼と同時に，単なる社会の現状肯定や学校の社会への従属にとどまらず，社会のより良き変革へのかかわりを恐れない。この批判精神は，すべての教育思想にとって必要不可欠な基盤といえよう。

（3）学びの価値――デューイへの批判

だが一方で，生活体験を重視するデューイの教育思想に対する批判も存在する。デューイの教育理論に結びつけられる「なすことによって学ぶ」とは，

> 価値の学習――精神的有機体としての人間の必要・興味・関心と密着した――なくして学習の価値はない，という学習観である。つまり，精神を動的なものと解釈し，それに感情や行動を学習上で重視することである。

ギャラガー[(1)]が「デューイにとって教育の内容はそれ自体ではまったく価値がないことになる」というのは，この点でよく理解できる。デューイの教育価値論の本質をついた言葉である。

（杉浦，1998：9～10。注(1)は筆者加筆）

とも言われる。すなわち，学びの価値は学ぶこと自体の中にあり，価値ある何かを学んだかではない，という考えを極端に推し進めると，何を学ぶかは大した問題でない，といった教育内容に対する相対主義に陥りかねない性格を孕むことにもなる。教育内容の相対化が生じれば，社会の中にあるあらゆるものが平準化され，教育内容として扱われる可能性が出てくる。それが「社会からの要請」の美名のもとで，思いつきのような教育内容の拙速な取り入れにつながるのであれば，反面，文化価値の喪失が生じかねない。新たな価値の創出の意義や，伝統文化の墨守（ぼくしゅ）がもたらす弊害も考えなければならないが，ギャラガーの「教育内容それ自体に含まれる価値はないのか」という批判は，社会からの影響を受ける存在として，学校教育の内容の更新を検討するにあたって，立ち止まって考えるべき示唆に富む指摘である。

3　現代社会と学校教育

（1）現代社会の課題としての「生涯学習」

ここでは，教育と関連して現代社会において求められる課題である「生涯学習」を取り上げて，それと学校教育の関係について考えてみたい。

2006（平成18）年に改正された「教育基本法」には，新設規定として「生涯学習の理念」に関する次の条文（第3条）が加えられている。「国民一人一人が，自己の人格を磨き，豊かな人生を送ることができるよう，その生涯にわたって，あらゆる機会に，あらゆる場所において学習することができ，その成果を適切に生かすことのできる社会の実現が図られなければならない」。すでに1987

(1)　ショーン・ギャラガー（Shaun Gallagher, 1948～），アメリカの哲学者。

(昭和62) 年の臨時教育審議会「教育改革に関する第四次答申」で，教育改革の視点の一つとして「生涯学習体系への移行」が提言されており，またこの答申がその後の日本の教育改革や学習指導要領改訂に影響を及ぼしたことはよく知られている。だが「移行」が提言されてから20年近くが経ったのちに追記されたこの条文からは，未だ達成されていない現代社会の課題として，**生涯学習社会**の実現が2006年の「教育基本法」改正にあたり新規に掲げられたと理解される。そして「生涯学習」という語は人々の間に浸透しつつあると見られるものの，大多数の人が生涯学習を実践しているという状態には至っていないため，この条文で目指されている生涯学習社会が実現しているとは言い難い現状がある。たとえば内閣府による「生涯学習に関する世論調査（平成24年7月）」（文部科学省ホームページ掲載）によると，日本国籍を有する18歳以上を対象に「生涯学習」という言葉のイメージを質問したところ，「わからない」と回答した人は6.2%にとどまり，何らかのイメージを有する語となっていると考えられる。その一方で，「生涯学習をしたことがない」と答えた人は42.5%にのぼった。そして2018（平成30）年の同調査では，「生涯学習をしたことがない」と答えた人は微減の41.3%であり，生涯学習社会の実現から遠い状況に変化はないと想定される。

さらには言葉として浸透しつつあるとはいえ，俗論的な理解で，「生涯学習」や「生涯学習社会」の語が氾濫している（鈴木ほか，2014：2），との批判もある。そこでまず，現在に至るまでの生涯教育・生涯学習理念をめぐる議論の展開を整理してみたい。

日本では1991（平成3）年の中央教育審議会答申「新しい時代に対応する教育の諸制度の改革について」の中で「これからは，学校教育が抱えている問題点を解決するためにも，社会のさまざまな教育・学習システムが相互に連携を強化して，生涯のいつでも自由に学習機会を選択して学ぶことができ，その成果を評価するような生涯学習社会を築いていくことが望まれる」と述べられている（傍点は筆者が付記）。

翌1992（平成4）年に生涯学習審議会が発した答申「今後の社会の動向に対応した生涯学習の振興方策について」においても「生涯学習社会」の概念が支

持され，生涯学習社会を築く手だてとして，学校その他の教育機関との密接な連携や，学習成果を地域や社会において生かすことのできる機会や場の確保が謳われる。生涯学習をさらに一歩推し進めた生涯学習社会の構想は，生涯学習の語では表現しきれなかった社会的援助・社会環境づくりの方針が明確化されている。それはユネスコで提唱された生涯教育の理念の一つである，水平的な次元での統合へと正しく回帰した教育改革案といえよう。そしてまた，中教審答申の中で「学校教育が抱えている問題点を解決する」という目的が掲げられているが，生涯学習社会の構想には学校教育を変える力があるというだけでなく，その構想のもとでは学校教育や教員にも意識変化が求められているのである。

以上のような過程を経て，生涯学習社会の構想が今後の社会を導く理念として方向づけられ，さらに本章の冒頭で確認したように，2006年には改正教育基本法上に生涯学習社会の実現という理念が明文化された[(2)]。

（2）生涯学習社会における学校

それでは，生涯学習社会において，教育活動を本務とし児童生徒の学習を支える学校および教員には何が求められるのであろうか。この点を考えるにあたっては，生涯学習と学校教育との関係が明確にされなければならない。浅井経子によると，生涯学習と学校教育との関係は，主に四つの観点から捉えられるという（浅井，2013：32）。これを要約すると，以下のようになる。⑴学校教育で行われる学習は生涯学習の一部である，⑵学校教育を支援する大人の生涯学習がある，⑶学校教育の中で生涯学習の基礎は培われる，⑷教員の研修・自己研鑽は教員の生涯学習である[(3)]。

これらの観点にもとづいて考えるならば，生涯学習社会における学校教育そして教員のありかたには何が求められるだろうか。⑴⑵を踏まえると，学

⑵　一方でこの条文（改正「教育基本法」第３条「生涯学習の理念」）に対しては，主に個人レベルの生涯設計において生涯学習を位置づけ，ユネスコなどが示す学習の社会的協同的規定とは大きな齟齬が生じている，という批判（解説教育六法編修委員会，2018：47）もある。同じ「生涯学習社会」の構想であっても，目指されるべき社会的援助・社会環境づくりの方針からの後退が懸念される。

⑶　文章の構成を考え，原著から観点の列挙の順序を変更している。

校での教育と学校外での教育とのつながりや，学校内外の人員の交流や協力の必要性が浮かび上がる。たとえば改正「教育基本法」第13条に「学校，家庭及び地域住民その他の関係者は，教育におけるそれぞれの役割と責任を自覚するとともに，相互の連携及び協力に努めるものとする」と新たに記され，「職員以外の者で教育に関する理解及び識見を有するもの」（「学校教育法施行規則」第49条第３項）を学校評議員とし，運営への参加を求めることが可能となっており，生涯教育論で唱えられた「水平的次元の統合」を実践するものと考えられる。

また，近年では文部科学省が「チームとしての学校」（図11-2）という在り方を提起し，部活動支援員や地域連携担当教職員といった新たな職の活用を推奨している。地域との連携強化や多様な人材活用など，教員だけでなく学校にかかわる人を巻き込んだ学校教育の在り方は，生涯学習の一部としての学校という考えに合致する。

だが一方で，外部（社会）との連携を「専門」の教員に任せきることで，専門教員以外が連携に携わらず，多くの教員が多様な視点に触れる機会を失っては本末転倒である。教員の本務が教育活動であり，授業がその核であるのは言うまでもないが，異なる専門性を持った人や，専門性はなくともかかわりの深い人たちの思いや考えを教員が受け止め，協働する中で得られた洞察の深まりがあってこそ，学校教育を生涯学習の一部として適切に位置づけることになる。そのような協働は教員，保護者や地域住民，様々な専門家やボランティアといった学校にかかわる多様な大人，ひいては社会の生涯学習の機会ともなる。

次に(3)の観点を踏まえると，教員は学校教育を終えた後の学びを見据え，学習者の学びの継続を考える必要がある。ゆえに学校においては学ぶ意欲を育て，学び方を学ぶことが重要といえる。これはまた，生涯教育論で唱えられた垂直的次元の統合と共通した問題意識である。学ぶ楽しさや学ぶ価値，学ぶ意義を確信できる機会を学校教育で得ることによって生涯学習への基礎が築かれる。それにはまず，学校教育および教員が学びを苦痛や無価値，無意味なものとして潜在的に教えている面がないか反省する必要がある。それは同時に，教員自

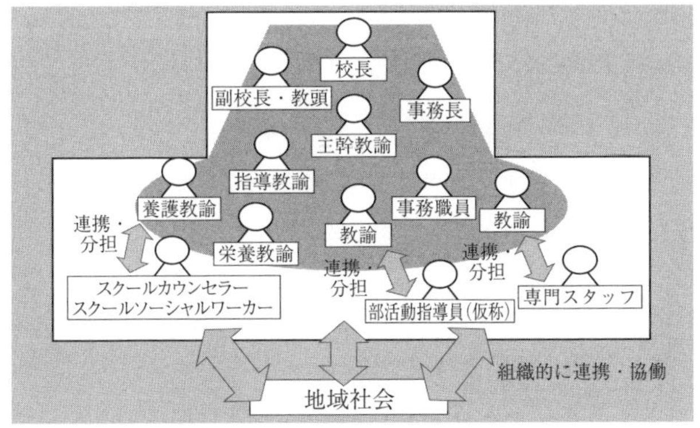

図11－2　「チームとしての学校」イメージ図

出所：中央教育審議会，2015，14頁。

身の学習観にもとづく潜在的カリキュラムが反映されたのであるならば，(4)と深く関係がある。生涯学習との関係で教員の研修について指摘するならば，「学び続ける教員」であってこそ，教員は児童生徒にとって生涯学習社会でのロールモデルとなる大人の姿であり，人生の先達であるといえよう。

4　「愛の場所」としての学校

教育社会学者の苅谷剛彦は，日本の教育は完全な**ポジティブリスト**主義になっている，という。ポジティブリストとは「いいと思うものをどんどん上げて，リストに付け加えていく」（苅谷・増田，2006：48）考え方で，一見すると良いことを足していく正当な意見のようにも思える。だが一方で，限られた学校教育の時間の中で，新たに追加した分だけはみ出したり，圧縮されたり，負担が増えたりする部分があることに目を向けなければならない。特に，現代は社会変化の進展が激しく，知識の刷新が求められる中で「あれもこれも」と教育改革への要求が高まるが，改革に見合うだけの財政的な下支え（正規教員の増員など）すら十分にないまま[4]，変化すること自体を目的とするような改革がなされていると言わざるを得ない。そのような中で，社会からのあらゆる要請を受けて学校教育を行っていくことはきわめて困難であるだろう。

対応策の一つには「チーム学校」のように，学校外の力を借りることが挙げられる。これは，学校外に学校の応援者を育み，また学内の児童生徒だけでなく学校に関わる大人をも成長させるという面を持っているという点では，有意義である。だが，教員にしかできない業務である授業の増加や改変（学習指導要領改訂に伴う対応など）が，社会からの要請として次々に追加されるようであれば，学外の力を頼るわけにはいかない。そのため，どうしても学校は多様な社会からの要請すべてを受け容れるのではなく，教育的な視点から要請を精選することが必要になる。

社会が「人と人とを結びつける紐帯の存在する場」であるなら，人と人とがかかわる中で生起する教育は，本来的に社会的である。それでは教育に特徴的な人と人とのかかわり方はどのようなものか。教育学者の三井浩は次のように言う。「教育者と子供との相互の信頼と愛とが対応し，両者が相まって初めて有効な教育の行われる基盤が成立する。こうした人間関係が教育可能の根本前提あるいは根本根拠である」（三井，1974：106）。

教育における信頼の重要性，教育愛の重要性はこれまでにもしばしば言われているところで，目新しさはないかもしれない。また，愛の強調が反転して排他的な憎しみや分断が生まれるとすれば，危険性もないとは言えない。しかし，三井が「愛の場所」として家庭，学校，社会，世界，はては自然や宇宙にまで教育の契機を認め，そのいずれにも愛が根本としてあることを認める時，いかなる広がりがある中であっても，逆に目の前にある学習者への愛，学習者への

---

(4)　ここ30年にわたる一連の日本の教育改革について，教育社会学者の広田照幸は次のように評する。「『コストをかけない政府』というあり方が最重要視される。だから教育においても，大きな予算をかけない政策こそが『よい教育改革』として着目され，実行に移された。かつて注目された学校選択制，バウチャー制といった制度の導入も，学校評価やPDCAサイクルも，『それによって新たに大きな予算が生じない』という側面が重視されたことは否めない」（広田，2020：24～25）。

公平な愛の関係[(5)]の根源性が際立ち，それを手放さないことがどれほど重要であるかが問い直される。換言すれば，社会からの要請や多数の要求があれば，易々と手放されかねないのが目の前の一人ひとりに対する愛なのではないか。だとすれば，この学校は「愛の場所」となり得るものであるのか，という問いを続けることこそが，変化を続ける学校および教育の在り方に対する，素朴ではあるが根源的な指針となり，また社会からの要請を精選する基準となるのではないだろうか。

学習課題　① 第１節を参考に，社会の組織の単位を三つ挙げてみて，その社会単位と学校とのかかわり方の例を一つずつ考えて記してみよう。

② 第２節を参考に，次のカッコ内の語句について，デューイの思想に関連づけた説明をそれぞれ50～100字程度の短文で記してみよう。
〔小社会・なすことによって学ぶ・民主主義〕

引用・参考文献

浅井経子編著『生涯学習概論（増補改訂版）』理想社，2013年。

アリストテレス『政治学』山本光雄訳，岩波書店，1961年。

解説教育六法編修委員会『解説教育六法 2018』三省堂，2018年。

苅谷剛彦・増田ユリア『欲ばり過ぎるニッポンの教育』講談社，2006年。

新堀通也『日本の教育地図（社会教育篇）』ぎょうせい，1975年。

杉浦宏編『日本の戦後教育とデューイ』世界思想社，1998年。

鈴木眞理・馬場祐次朗・薬袋秀樹編著『生涯学習概論』樹村房，2014年。

中央教育審議会「チームとしての学校の在り方と今後の改善方策について（答申）」2015年（https://www.mext.go.jp/b_menu/shingi/chukyo/chukyo0/toushin/__icsFiles/afieldfile/2016/02/05/1365657_00.pdf　2020年３月１日閲覧）。

デュルケーム，É.『教育と社会学』佐々木公賢訳，誠信書房，1982年。

デューイ，J.『学校と社会』宮原誠一訳，岩波書店，1957年。

デューイ，J.『民主主義と教育（下）』松野安男訳，岩波書店，1975年。

テンニエス，F.『ゲマインシャフトとゲゼルシャフト（上）』杉之原寿一訳，岩波書店，1957年。

---

(5)「教師にとって最も大切なことは，学級の生徒を全く同一の愛で愛することである」（三井，1974：170）。

広田照幸「なぜ，このような働き方になってしまったのか――給特法の起源と改革の迷走」内田良・広田照幸・高橋哲・嶋﨑量・斉藤ひでみ『迷走する教員の働き方改革』岩波書店，2020年。

堀尾輝久『教育入門』岩波書店，1989年。

三井浩『愛の場所』玉川大学出版，1974年。

山本光雄「解説」アリストテレス『政治学』山本光雄訳，岩波書店，1961年。

第12章

学校と学習

本章では，子どもの成長や学びの理解を基盤に，どのように教育実践を組織していくかを考える。教育実践とは，教育者が人為的に子どもに働きかけ，その成長や学びを促す行為である。つまり，教育実践はそれを組織する側，すなわち教育者側の意図（目的や方向）と，学習する側，ここでは子どもの姿勢（心情・意欲・関心・態度）によって生み出す創造行為といえる。教育するという創造行為は，教育者と学習者のかかわりの中で成立するものであり，長い歴史において受け継がれてきたものである。学校教育では，教育に携わる者が，どのような認識において教育を創り上げていけばいいのか，日本における教育実践に立ち戻り，学習する側を主体に考えてみたい。

1　成長と学び

（1）乳幼児期からみる子どもの成長と学び

乳幼児期は，生涯にわたる生きる力の基礎が培われる重要な時期であることは，言うまでもない。乳幼児は，最初期の原始反射的な行為から，徐々に外界とのかかわりによる快・不快の経験を通じ，身体感覚を伴った育ちが促されていく。こうした一連の過程の中では，子どもの自発的応答（欲求）が起こる。たとえば，泣く，手を伸ばす，口に入れて舐めるなどの探究・思考の行為や表現が現れてくるようになる。人間は始まりの最初期から，**自ら感得し学ぶ姿**を示すのであり，人間は生まれながらにして学習者であるといえる。

このような見方は，幼児教育思想の先駆者であるフレーベル，モンテッソーリも，同様にもっていた。フレーベルは，子どもは生まれると同時に自由に全面的に主体が育まれるべきであって，乳幼児期は感覚器官によって自発的内面化（内面的なものを外的にし，外的なものを内面化し統一）していくと理解し，モンテッソーリは，乳児期から自ら内側で感じ取る秩序感とそれに伴った内的欲求により外側への現れがもたらされることを内的過程として捉えてきた。私たち人間は，最初から内なる感覚を通じた促しによる**主観的存在**，**一人の個**であるという見方によって，成長と学びが支えられていることは覚えておきたい。

ところで，今日の教育では，子ども自らの内側の世界で促され育とうとしていることを顧みず，何かが「できる」「できない」という表面的な判断に囚われたり，周囲に合わせたり，かかわる大人の価値観に共感する・させる，意図づけることに囚われたりし過ぎていないだろうか。2017（平成29）年３月の学習指導要領改訂に伴い，幼稚園教育要領および保育所保育指針，幼保連携型認定こども園教育・保育要領改訂では，乳幼児期の育ちの先を見据えた「幼児期の終わりまでに育ってほしい姿[(1)]」項目が示されたが，これは幼児期から児童期青年期に至る姿であり，目の前の子どもの中身の理解を基に，**子どもの成長と学びの目標（方向）**を表していくためのものである。

いずれの姿も，生きる力の基礎，心を育むことを重視した幼児の人間形成につながるもので，今後，子どもの成長と学びの理解を基本とした保育・学校教育実践に期待されるものである。ただし，「幼児期の終わりまでに」と示されたことで，指導する側が子どもの資質・能力を到達目標と認識しないよう注意し，**子どもの内側を支える教育**でありたい。**成長し学ぶ主体は子ども**であり，成長していく・しようとする姿から希望を見出すこと，これはすべての教科に共通していえることであろう。

この10の姿を幼児期から小学校・中学校につながる生涯発達の視点，さらにいえば，成長と学びが継続しているというまなざしをもって，教育の営みに励んでもらいたい。

---

(1)　①健康な心と体，②自立心，③協同性，④道徳性・規範意識の芽生え，⑤社会生活との関わり，⑥思考力の芽生え，⑦自然との関わり・生命尊重，⑧数量・図形，文字等への関心・感覚，⑨言葉による伝え合い，⑩豊かな感性と表現，の10の姿。

（2）学びの本質

では，「学ぶ」とはどういうことなのだろうか。「学ぶ」という言葉は「真似ぶ」に由来するといわれる。学びとは，何かあるいは誰かの真似をすることから始まるものと考えられる。人間は，赤ちゃんの時から，口の動きや表情，しぐさなどを真似るように，各々の内から沸き起こる興味や関心，好奇心から学ぼうとする。つまり，**周囲の存在から学びとる力**をもっているのである。

インドのゴダムリ村で発見された２人の狼少女アマラとカマラの話は聞いたことがあるであろう。1920年10月，その地で宣教活動をしていたシング牧師に救出されたアマラはおよそ２歳，カマラはおよそ８歳で狼５匹と同じ巣に住んでいたのであった。彼女たちの狼らしさ，四足歩行，夜行性，嗅覚が鋭く生肉を食べるというような様子，狼そのものとしての生活は，周囲の環境から吸収した生き様であり，狼生活の模倣による学習を表しているといえる。こうした狼としての生活を基盤に，彼女たちの内面の安定が保たれ成長してきたのである。そのため，人間がアマラとカマラにいち早く社会化，つまり人間社会に適応できるように，ルールやマナー，行動様式を押しつけて教育したとしても，かえって十全な成長につながらない。だから，彼女たちの生命は，途絶えてしまったのかもしれない。アマラは３歳で，カマラは17歳で，他界した（ただし，このアマラとカマラの話について，学術的な真偽のほどは不明である）。

教育する側からすれば，人間社会における子どもの社会化は重要であるため，先行させがちになる。しかし，真の成長には，子どもの気持ちや考えを尊重する支えが必要である。教育する側が，**子どもの育ちの文脈**を理解し，**内側の動き**に目を向ける姿勢をもちたいものである。そうすれば，自ら楽しみ，自ら見つけ，感得するという学びと成長が成立できたのかもしれない。

つまり，学びとは，教育する側の思い通りにすることではなく，学ぶ側の子ども自身が気づき，発見し，変わっていくこと，成長していくことによって深まる。したがって，学びは**学ぶ側が主体的である**ということであり，主体性が育っていることが前提にある。学ぶということは，自ら積極的に活動することである。こうした育ちが連続していくことが学校教育では求められる。

（3）学びの連続性

学校では，子どもの学びは継続していくのだろうか。

第10章にあるデューイが述べるように，学校は子どもの連続した成長への欲求を支えていくことが役割である。自らの欲求，つまり自発的に学ぶ**心情・意欲・態度**が続くことで，主体性をもった人格が育っていくのである。

ここでは，主体性をもった人格を育てる教育実践の考え方を，**森有正**[(2)]（1911～1976）の経験論から確認してみよう。森がいう経験とは，絶えず，一人称になるところから始まる。体験ではなく，**経験となる学び**を続けていくことである。森によれば「経験というものは自己というもの，私というもの，あるいは**一人称の自分というもの**が自覚される根本的な場所である」（森，1975：140）。

すなわち，**主体的な学びは一人称から始まる**。森によれば，社会というものは，一人称（自分，私）と三人称（他者）によって成り立っているものである。自己（個人）は，民主主義の根本であり，**個々の存在を尊重し育てる**ことが民主教育である。こうした自律的な存在を一人称と呼ぶ。主体的な学びは，教育する側の一貫した意図が連続することではなく，その一人称である私が成長していくこと（変わっていくこと），つまり絶えず新しくなっていく経験が続くことが求められる。

しかし，日本人の人間関係では，「私」が「あなた」にとっての「あなた」になるというような，「あなた」に合わせる二人称の世界，「私」と「あなた」はおらず，「あなた」と「あなた」しかいない，森の言葉でいえば二項関係の傾向にある。これは，教育・保育の実践の場でも頻繁にみられる。「みんなと一緒に」「声を合わせて」等，自分の意志ではなく，教師や相手の意図に合わせる表面的な行為や表現といった学びでは，自己が育たない。

現行の学習指導要領が示す，「主体的・対話的で深い学び[(3)]」とは，まさに子

---

(2)　東京都生まれ。日本の哲学者，フランス文学者。明治時代の政治家森有礼の孫に当たる。1950年の戦後初のフランス政府給付留学生としてパリに渡り，1952年パリ大学東洋語学校で日本語，日本文化を教える。デカルト，パスカルの研究をし，パリを拠点として思索を深め，数多くのエッセーをまとめた。

(3)　ある事柄に関する知識の伝達だけに偏らず，学ぶことと社会とのつながりをより意識した教育を行い，子どもたちがそうした教育のプロセスを通じて，基礎的な知識・技能を習得するととと↗

ども一人ひとりが**自己の意志**で，**心動かし応答する**ことであり，「声を大きくはきはきと」や，「思いやりを持っているように」みせる行動や姿勢等ではない。

一方，主体的・対話的な深い学びとは，自分の言いたいことだけを述べるものでもない。自分が受け入れられ相手の意向も尊重する，**自己認識と他者理解**の上で成り立つ対話から学びが深まっていく。対話には色々な表現の仕方があるであろう。だから，たとえ声に出せなくても，心を動かし，森の言葉でいうところの「**内的促し**」によって応答しているならば，アクティブな学びであり，主体的な対話が成立しているといえる。

こうした自らの内的促しによる学びの連続性を見つめて，本質的な学びを据えた学校教育に携わっていきたい。

2　日本における教育実践

（1）生活の教育化，教育の生活化――池袋児童の村小学校，トモエ学園

学校では，教育という創造行為がどのように展開できるのであろうか。本節では主に，子どもにとっての経験を基盤にした日本の教育実践を，**大正自由教育**と呼ばれる教育実践運動の①池袋児童の村小学校，②トモエ学園から学び直してみよう。

①　池袋児童の村小学校(4)

↘もに，実社会や実生活の中でそれらを活用しながら，自ら課題を発見し，その解決に向けて主体的・協働的に探究し，学びの成果等を表現し，さらに実践に生かしていけること。「何を教えるか」と「どのように学ぶか」という，学びの質や深まりを重視した，課題の発見と解決に向けて主体的・協働的に学ぶ学習（いわゆる「アクティブ・ラーニング」）や，そのための指導の方法のことを指す。

(4)　池袋児童の村小学校は新教育の実験校として教育の世紀社が1924年４月，東京府北豊島郡巣鴨町字池袋（現・東京都豊島区西池袋３丁目）の野口援太郎の私邸に設立した私立学校。1936（昭和11）年７月教育の世紀社の経営困難により解散。大正自由教育の精神を，最も純粋に追求した学校といわれている。この小学校の中学部としてスタートした学校が後の城西学園となった。

教育の世紀社は野口援太郎（帝国教育会理事・専務主事），下中弥三郎（平凡社社長），為藤五郎（元教員・ジャーナリスト），志垣寛（同）を同人に，成城小学校の小原国芳，明星学園の赤井米吉ら４人を社友に1923（大正12）年に設立。

1924（大正13）年に野口援太郎[(5)]（1868～1941）らによって創設された**児童の村小学校**では，「子どもを校舎に閉じ込めないで原っぱで遊ばせながら個性を伸ばし，自分で勉強する子にしていく」ことが教育方針であった（宇佐美，1983：9）。

教員であった野村芳兵衛[(6)]（1896～1986）は，児童の村小学校を「野天学校」と呼び，学校が子どもにとって**遊びの場**であり**生活の場**であるとした。また，「野天学校」で子どもたちが協力し合う姿を尊重し「親交学校」と呼んだ。さらに「野天学校」と「親交学校」で芽生えてくる勉強心を教室でのばそうと「学習学校」と呼んだのである。

宇佐美承の『椎の木学校「児童の村」物語』（1983）にその様子を見てみよう。野村は算術や理科や地理といった科目からではなく，子どもの生活ぶりを基に，子どもたちと相談しながら学習の順番を決めていった。そのため，児童の村小学校は，時間割がなく，一応は始業午前９時終業午後３時であるがはっきりせず，子どもが登校した時が授業の始まりで，下校すれば授業は終わる。また，子どもたちは，帰り際に明日勉強したいことを申し出た。子どもには，先生と時間と場所を選ぶ自由があったのである。野村は，児童の村小学校にみる子どもの様子から，「自分が自分の主人になる。なんとすばらしいことだろう。子どもは，自分の主人になったとき，いきいきと生きて，自分からまなぼうとする。とすると，**教育とは，子どもをいきいきと生かすことではないか**」と学んだ。

子どもは各々好きなことをして生き生きと学び合っていくという野村芳兵衛

---

(5)　福岡県生まれ。日本の教育者。東京高等師範学校卒。1901（明治34）年，34歳で新設の姫路師範学校初代校長となり，自由な校風を確立する。ヨーロッパを視察して新教育思潮を吸収。帰国後，元東北大学・京都大学学長で成城小学校校長の沢柳政太郎に請われて同氏が会長の帝国教育会の理事・専務主事となる。

1924年に池袋児童の村小学校を設立，経営。児童中心主義の立場から，子どもと教師の生活共同体的な学びを志向した。

(6)　岐阜県生まれ。日本の教育者。岐阜師範卒。岐阜女子師範附属小訓練導を経て池袋児童の村創設に参画し，のち主事となる。1935（昭和10）年には児童の村小学校内に「生活教育研究会」を設け，機関誌『生活学校』を創刊した（編集主任は戸塚廉）。1936年の解散まで同職を務める。戦後1946（昭和21）年，岐阜師範学校付属小学校校長に迎えられ，1954（昭和29）年，岐阜大学附属中学校主事，その後聖徳学園女子短期大学にも勤めた。

の教育実践では，たとえば，「石蹴りをしながら木の葉を数える」「地理を知るために絵や手工をする」「原っぱでつかまえたトンボを顕微鏡で調べる」など，現在の学校でいえば，総合的な学習を子どもと共に創り出していた。こうしたスタイル，つまり一斉授業のない，子どもたちが自ら課題を見つけて自分のペースで予定する独自学習を展開した。

野村は，人を導くことは傲慢で軽薄と捉え，子どもを指導するという意識の上に立つ教育ではなく，**子どもの内側にある心の動きに合わせた教育**を目指した。だから児童の村小学校では，教師は教えることではなく，子どもたちを見守り，必要に応じてアドバイスすることが役割であった。

子どもは生活の中で，また生活を通してあらゆることを学んでいく。日常を生きていくその経験において，子どもは自ら興味を抱き，自然や遊びや人間との関係の中で，生きるうえで必要なことを学ぼうとするのである。こうして，児童の村小学校では，**子どもの生活の中**に教育を見出した。

② トモエ学園

児童の村小学校の精神，すなわち**自由な生活教育**の考え方を受け継いだ学校として，黒柳徹子（1933～。呼び名・トットちゃん）のベストセラー小説『窓際のトットちゃん』（1981）に登場する**トモエ学園**がある。トットちゃんは東京都自由が丘にあるこの学園で学んだ。『窓際のトットちゃん』には，自由でのびのびした教育実践がとても豊かに描き出されている。次に，トットちゃんからみたトモエ学園の教育実践にも触れてみよう（以下，引用は黒柳，1981）。

トモエ学園では，「さあ，どれでも好きなのから，始めてください」と，時間割はなく，教師が一日の始めにその日の課題を書き出したら，子どもはどれから始めても構わないスタイルで学習が進められていく。つまり，子どもの意志を最も尊重した学習空間が構成されていた。「この授業のやり方は，上級になるにしたがって，その**子どもの興味**を持っているもの，**興味の持ち方**，**物の考え方**，そして，**個性**，といったものが，先生に，はっきりわかってくるから，先生にとって，生徒を知る上で，何よりの勉強法」であり，一人ひとりの子どもの生活を通した**学びや成長の文脈**を理解することを基盤とする，子どもにとっての真の学びのスタイルであった。こうした学習方法は，子どもの特性，拘り，難しさ等，特別な支援を必要とする場合も含めて，継続することができたのである。**一人ひとりの個性を認め合い**成長し，**子どもの共生社会**を形成する，包括的に教育（インクルーシブな教育[(7)]）を捉える見方が含まれていた。

また，授業時間内に散歩を取り入れていることも特徴的である。午前中は各々の課題に取り組み，午後は，たいがい散歩が日常であった。ある日，学校の門を出て川沿いを10分ほど歩いて，女性の教師が足を止めた。黄色い菜の花を指して，「これは，菜の花ね。どうして，お花が咲くか，わかる？」と問いかけ，メシベとオシベの話に発展する。ちょうどその時は蝶が何匹も飛び回っていて，「ちょうちょも，花を咲かせるお手伝いをしている」と，トットちゃんは観察を通して実感的に学んでいる。

このように，トモエ学園では，子どもたちにとって，自由で，お遊びの時間とみえるこの散歩が，理科，歴史，生物の学びに結びついていくのである。教師が用意した教材や進め方によって授業が展開するのでなく，その場で出会ったものや場所等に心をとめ応答する，つまり実物を通して物事を発見する，知る，考えるという力が育てられていたのである。

他にもリトミックでは，機械的に体の動きを教えるのではなく，体にリズムを理解させることから始まる。校長である小林宗作[(8)]（1893～1963）が自らピアノを弾き，それに合わせて，子どもたちが思い思いの場所から歩き始める。どのように歩いてもよいのである。しかし，人の流れに逆流すると，ぶつかり，不快になるため，そのうち何となく同じ方向に，輪や一列ではないが，自由に流れるように歩くのであった。**子どもが感じることを尊重する活動**であった。

これらの教育の見方は，乳幼児の教育実践，たとえば，幼児が見て触って

---

(7)　インクルーシブ教育とは，子どもたち一人ひとりが多様であることを前提に，障害の有無にかかわりなく，誰もが望めば自分に合った配慮を受けながら，地域の通常学級で学べることを目指す教育理念と実践プロセスのことを指す。つまり一人ひとりが生かされ，一人ひとりの個性を認め合い用いながら共に学ぶというような包括的な教育理念である。

(8)　群馬県東吾妻町生まれ。日本のリトミック研究者，幼児教育研究家。東京音楽学校乙種師範科卒。ヨーロッパで幼児教育及び音楽リズムと造形リズムの関係，音楽と体操の結合を研究し，日本の教育界に導入。1937（昭和12）年，自身の教育理念をもとに幼小一貫のトモエ学園を設立・運営。戦後は幼稚園教育，国立音楽大学初等教員の養成や附属学校の整備に尽くした。

匂って……などの**感覚をくぐった経験**が物事・事象等の理解に結びつくという視点と同様である。このようなトモエ学園の教育実践にみる，幼児期・小学校時期の接続・連携の目をもち，子どもの学びを理解していきたい。**子どもの生活の場が教育の場**なのである。

（2）子ども社会の創造――戸塚簾のいたずら教育学

ここで，ユニークな面白い教育実践家である**戸塚簾**[(9)]（1907～2007）の実践記録が綴られた「いたずら教室」（1977）に学んでみよう。戸塚は，子どもの「**いたずら**」に教育の本源的な価値の創造を見出した。

「いたずら」といえば，一般的に，「役に立たないこと」「わるさ」「わるふざけ」といった，誰かに迷惑をかける行為で，無益・無用なこととして捉えられている。

しかし戸塚は，いたずらをする子どもの側に立ち，いたずらを子どもたちの**興味あふれる学習**，**科学的真実への探求**，**生長の発露**として，教育に携わったのである。いたずらを生長と捉えずに迷惑行為として抑制することで，子どもたちの内側から育とうとしていることが，途切れてしまう場合がある。戸塚の子どもの学びを捉える視点は，子どもの生み出すいたずらに，人間を知り社会を知る認識の源泉，苦しみと悲しみと怒りと喜びを経験する豊かな感情の源泉，生活力の源泉，道徳の源泉を見出していった。

①　豊かな観察と思考

戸塚は，とことん子どもに向き合い，子どものいたずら心を科学的に見つめ，高く評価した。こうした見方が，子どもたちのいたずら心を，本物の学びにしたのである。戸塚は，「うめぼし合戦」[(10)]「ウンコのけんきゅう」「つばめのウン

(9)　静岡県掛川市生まれ。教育運動家。静岡師範学校卒。昭和戦前期の民主教育運動の生活綴方運動と新興教育運動に携わった教育実践家の一人である。掛川市の小学校教員を経て，1930（昭和5）年，同人誌『耕作者』を創刊。1932（昭和7）年，新興教育同盟準備会に参加する。1934年より東京池袋児童の村小学校にて教育実践に入る。1935年，『生活学校』を主宰（1938年まで）。戦後は掛川市で『郷土新聞』『おやこ新聞』を主宰した。児童の村小学校の野村芳兵衛や野口援太郎の教育実践の影響を受け民主教育を実践した。

(10)　お弁当のうめぼしの数を競い合う子どもたちを見守りつつ，「梅干しをたくさん食べると↗

コ」「ふしぎな戸[11]」「楽器は野にも山にも」などのタイトルを付け実践記録に残している。

いずれの実践も，物事を探究していく子どもたちの日常生活といたずら好奇心の中に，戸塚が**科学的な芽**を育てようとした試みである。たとえば，学校では「道草をしてはいけません」と注意されている中，道草する子どもたちに戸塚自らが溶け込み，道草という行為に子どもたちの豊かな観察力と思考力の育ちを見出した。また，時には戸塚自らがいたずらの仕掛け人になり，「いいウンコおひとついかがです」と言う子どもの心（言葉）を汲み取り，ワーっという笑いが絶えない対話に発展させていったのである（「ウンコのけんきゅう」）。

戸塚のいたずら教室では，大人からみればいたずらと捉えられることであっても，子どもたちは次々と自ら学んでいった。いたずら教室での経験は，子どもの生活の内容を**理性と感性**の両面から豊かにしていったのである。

②　真実の探究と生長の発露

また，戸塚は，子どもたちが探究し合い生長していく姿を見守っていた。クラスメートが腎臓病にかかり，「腎臓の病には，つばめのウンコを足の裏に貼ると治る」という迷信，言い伝えの噂を聴いた子どもたちが，つばめの巣を探し当てる。ハシゴを掛け支え合いつばめの巣に近寄り，つばめのフンを集めていった。子どもたちは，自分たちと共に学び合う仲間の命を助けたい一心で，力を合わせて必死に向き合うのである。子どもの自らの意思，ここでは一人ひとりの声が共存し互いにつながり合い，共同体を創り出していった。子どもたちは，つばめの巣を巡って，どのような場所に巣をつくるか，どのように雛に餌を与えるか，巣は何でできているか等，**探究し学ぶ共同体**となっていったのである（「つばめのウンコ」）。

さらに，音楽の授業では，当時はシロホン（木琴），明笛（明楽に用いる横笛），

↘歯が浮いてしまう」と言った子どもの言葉につなげて，戸塚が「うの字のつくもの，梅の花」と言い，子どもたちと言葉遊びが展開していく。

(11)　自動ドアのことを聞いた子どもたちが想像しながら，教室の引き戸を，戸にくぎを打ち，紐をつけ，引っ張ると戸が開くように仕掛けたことに対し，戸塚は驚き，その後昼食のお茶のおばさん，校長先生を驚かせようではないかと展開していく。

ハーモニカを用いて演奏遊びをしていた。そこで，ある子どもが明笛を持って家に帰り，笛の穴と音の仕組みを探究し，何度も何度も音を鳴らし試しながら，竹笛を作り上げてくるのである。その後，他の子どもたちも竹笛の穴の位置による音の微妙な変化に対して強い関心を抱き，自製の竹笛が増えていき，秋の空に竹笛が鳴り響いた。その上，戸塚は，音の原理を学ぶ理科の授業に展開させた。茶碗に水を入れ，棒で叩いて楽器にした。子どもたちは，水の分量の差による低音と高音を感得し，曲を鳴らしたのである（「楽器は野にも山にも」）。他にもいたずら教室では，**日々の生活から自己を見つめて**，日記やカルタにして，言葉を綴る活動もあった。

このように，戸塚のいたずら教室では，子どもの経験を通した内側から湧き上がる興味・関心が授業の中で連続していった。子どもが実際に生活する場所で楽しみ，意味を見出す生活経験が得られる場所であった。自己を表現し，互いの個性を認め合う包括的な教育が，創り上げられていた。つまり，**子どもから出発**し，子どもの**遊びと学習が一体となる創造活動**が展開していったのである。戸塚は，「いたずら」には，自己を認識し，生活を取り巻く社会を認識することに直結した学びがあると捉えていた。いたずら教室では，子どもを取り巻く社会がもつところの教育力を組織し，子どもの自由な発想から自由を創り出す教育を組織していったのである。

ここまで，大正から昭和戦前にかけての日本の教育現場で実践されてきた一部を取り上げてきた。いずれも，生活の中で生きる子どもを尊重し，生きていく中で，子どもたちが感じたこと，興味を覚えたこと，内側から湧いてくる欲求，学ぶ意欲を伸ばしていくことであったといえる。このように，自分を表現すること，内側にある心の叫びを表に出す実践である**生活教育**や**生活綴方教育**が戦後にも展開されていった。たとえば戦後すぐ，山形県山元村で綴方教育を実践した無着成恭（むちゃくせいきょう）（1927～）の，生徒に生きている現実社会を見つめさせ生活実感を掘り起こし，学習を深めていく取り組みなどが挙げられる。この授業スタイルは，世界的に広がっていた**自由教育，児童中心主義教育**の潮流の中にあった，アメリカのデューイの実験学校，パーカストのドルトン・プラン，フランスのフレネ学校などと同様に，日本の教育者たちが子どもと向き合い，内面を開き，動き出すような環境や方法を生み出してきたものである。

3　教育への希望

（1）出会いが学び――林竹二の授業論

現代社会では，子ども主体の自由な授業方法を実践できるのか。

学校でのテストや受験競争をくぐりぬけることが先行した骨抜きの学校教育では，子どもたちは，学校で良い成績をとることだけが関心事になって，学ぶ意志と能力を失っていく。教育にとっても人間にとっても心豊かさは喪失されてしまう。形式だけ整えて満遍なく子どもを指名するような授業は実質的に深まらない。**クラスづくり**そのものが必要となると指摘した**林竹二**[12]（1906～1985）の授業論に触れておきたい。

林は，**授業は出会い**であり，その**出会いが学び**であるとした。林によれば，深さのある授業を求め実践し，「授業が成立する」とは，一つのクラスを構成する子どもたちが共に一体となり，授業の中に入り込んでくる状態を指し示した。それは，単に知識の伝達・注入式ではなく，自分自身との格闘を含み，自分がこうだと思い込んでいたこと（経験）が，教師の発問という出会いによって揺らぎ出すことである。たとえば，教師の問いかけや発問という出会いに，**自分の無知を悟る**子どもは**大きな喜び**を感ずるようになるという。そうでないと，子どもの判断能力が自ら形成されず，子どもは常に外部の情報に操作された借り物知識が，自分の考えた意見であるように錯覚して囚われてしまう。

だから，授業とは一定の事柄を教え込むことではなく，一つの教材を媒介として**徹底的に向き合う**（出会う）こと，すなわち**子どもの心の中**に動いているものを探っていくことであり，子どもが深いところにしまい込んでいる宝を

---

(12)　栃木県矢板市生まれ。日本の教育哲学者。東北学院に学んだ後，1934（昭和９）年，東北帝国大学法文学部哲学科（旧制）を卒業。戦後まもなくして，復員軍学徒のために私塾を開き，８年間，ソクラテス，プラトン，『論語』，『資本論』等の講義を継続した。1953（昭和28）年より東北大学教育学部教授。教育史を担当し，森有礼について研究した。また，斎藤喜博の教育実践に影響され，全国各地の学校を巡回し，自らソクラテス的な対話重視の授業実践を試みた。1969（昭和44）年，全国的な大学紛争の中，宮城教育大学第二代学長に就任。

探っていき，それを探り当てたら次にその宝を掘り起こすことに全力をあげることが**教師の仕事の創造性**であるとした。たとえば，教師が感銘することは，作文の力ではなく，それを書いた子どもが心を開いて，授業の中に深く入り込んだ場合のみである。授業の中へ引き入れられ，夢中になって問題を追いかけるような参加が，真の出会いであり，学びであるとした。

さらに，林は，「授業が成立している」クラスには，教師と子どもの間の信頼関係だけではなく，子どもたち同士の間に，虚心にものを言い合い，かつ聞く訓練と雰囲気が必要とした。

（2）学び合う教室——金森俊朗の教育観

次に林竹二と同様にクラスづくりを基盤とした教育実践家である**金森俊朗**[(13)]（1946～2020）に学びたい。たとえば金森の国語の授業では，「包」という漢字の語源を辿る際，母子（妊婦）の姿を用いて子どもたちと掛け合い確かめながら，お腹の中にいる赤ちゃんが包まれ安心している被包感を感じ合い共通のイメージの中で「包」という意味を含めて文字を認識する。これが，子どもと金森が**実感的に学び合う教室**のスタイルである。金森の授業は，常に命と生きることに向き合う空間が保たれていることが特徴である。金森の授業は，学び合う教室である。

金森の学び合う教室では，「**手紙ノート**」という子どもが思ったこと感じたことをそのまま綴り，クラスで発表し，**クラスで共有する生活綴方**の精神が生かされている。時には，自分自身をしっかり見つめ直す機会を与え，子どもが本心を言葉で語り合う場を大事にしてきた。

⒀　石川県能登（旧・中島町）生まれ。教育実践家。金沢大学教育学部卒業後，小学校勤務38年を経て，2017（平成29）年まで北陸学院大学教授。石川県民教育文化センター理事長，日本生活教育連盟拡大常任委員等歴任。「仲間とつながりハッピーになる」という教育思想をかかげ，人と自然に直に触れ合うさまざまな実践を試みる。1980年代より本格的にいのちの教育に取り組み，1990（平成２）年には末期癌患者を招いて日本で初めての小学生への「デス・エデュケーション」を実施し，大きな注目を集める。その教育思想と実践は，教育界のみならず医療・福祉関係者からも「情操教育の最高峰」と高い評価を受けている。2010（平成22）年，ペスタロッチー教育賞受賞。2012（平成24）年にはオランダに招かれて講演した。

本項では，金森俊朗のドキュメンタリー「涙と笑いのハッピークラス～４年１組　命の授業～」（NHK スペシャル「こども　輝けいのち」第３集，2003年５月11日放送）の，子ども自らの本心と向き合う場面に着目する。

６月のある日，クラスで友達を見下す，からかう，軽蔑するというような動き・雰囲気を感じ取った金森は，即座に授業を話し合いに変更して，友達への態度を振り返ってもらう時間を提供する。金森は，「みんなの心の中にある，友への軽蔑」と板書した。ところが，子どもたちは，「みんなが，……」「私も思ったんだけど，〇〇さんと同じで，……」というように，「私が……」と自分のことではなく，他人事として，人を中傷することは良くないこととして述べるだけにとどまる。こうした子どもたちの姿勢を，金森は「きれいごとで，ごまかすつもりか，君たちは」と激しく叱責したのである。

> 人のことばっかりやがいや（方言：「じゃないか」）。自分がやってたよって誰も言ってないじゃないですか。かっこよすぎるんだよ。
>
> （同放送での金森の言葉，（　）内は筆者）

金森は，**自分の内側にある醜さと向き合う**ことを強く求め，自分が噂を広めたり，止めなかったりする，それぞれの弱さと対峙させた。その後，子どもたちは，自分のことを自分で語り始めた。悪口を言ってしまったことの省察，悪口をなぜ口にしたのか，本当は悪口を言われたくないから，周りに流されてしまったことの悔いなど，自分の言葉（一人称での語り）になった。こうして，子どもたちは，**出来事を自分と結びつけて**，自分事として考えられるようになっていく。

金森は，**子どもの学ぶ姿勢**を大事にした。だから，子どもたちの正直な姿を求めたのである。金森の学び合う教室は，「**つながりあってハッピーになる**」ということを子どもも金森も共有しクラスを創り上げていた。自分をわかってもらい，友だちをわかる，すなわちわかり合う努力（**心を通わせること**）が学び合う教室を創った，といえよう。

（3）共育・響育・協育

子どもは自ら学ぶ力をもっている。その力によって，生長する。教育とは，教育を施す（支える）側と学ぶ側が共に創り出す**共育**である。学ぶ側が主体であり，出会い（内的促し）による成長を促す**響育**である。さらに，自分がわかり，友もわかり，わかり合いつながり合う**協育**である。本章で取り上げた，歴史的教育遺産の実践と，学びを豊かにすることの意味や見方について，問い直してほしい。

学習課題　①　幼児期・児童期の自分の「いたずら」を挙げ，エピソードを書いてみよう。どのような興味・関心・好奇心が含まれていたか，大人にはどのように向きってもらいたいかなどを，書き出し，語り合おう。

②「あったらいいな，こんな授業（学校）」をグループで考えてみよう。どのような授業（学校）なのか，配役（教師・生徒他）を決め，劇的に表現してみよう。

引用・参考文献

宇佐美承『椎の木学校「児童の村」物語』新潮社，1983年。

金森俊朗・辻直人『学び合う教室　金森学級と日本の世界教育遺産』KADOKAWA，2017年。

黒柳徹子『窓際のトットちゃん』講談社，1981年。

デューイ，J.『学校と社会・子どもとカリキュラム』市村尚久訳，講談社，2013年。

戸塚廉『小先生の発見　いたずら教育学』栗田出版会，1973年。

戸塚廉『日本の子ども文庫 2　いたずら教室』講学館，1977年。

広岡義之『教育の本質とは何か　先人に学ぶ「教えと学び」』ミネルヴァ書房，2014年。

広岡義之『森有正におけるキリスト教的人間形成論　人間の在り方と信仰』ミネルヴァ書房，2015年。

フレーベル，F. W. A.『世界教育学選集　人間の教育 1』岩崎次男訳，明治図書，1960年。

モンテッソーリ，M.『人間の形成について』坂本堯訳，エンデルレ書店，1970年。

森有正『古いものと新しいもの——森有正講演集』日本基督教団出版局，1975年。

第13章

学校と子ども・教師

本章では，教育原理としての教員に関連する基本的問題を取り上げる。一つ目の学びのポイントは，教師像がどのように展開されてきたのかを理解すること，二つ目の学びのポイントは，「学び続ける教師」にはどのような側面が考えられるかを考察すること，三つ目の学びのポイントは，「教員を取り巻く問題」の現状を理解することである。

本章は，読者の教職観，職業観に揺さぶりをかけ，自らの教職像の確立に参考となるような問題提起を意図している。自らの職業選択の際の参考としてほしい。

1　教師像の変遷

（1）教師に求められてきたもの――師範タイプ

子どもは近代社会の産物であるとの解釈がある。これは歴史学者のアリエスが『〈子供〉の誕生』（1960）の中で主張した概念で，近代以前においては子どもは「小さな大人」であり，学校や社会制度に位置づけられた子どもは存在せず，学校という近代に制度化された機関の登場によってはじめて「子ども」が認知されたという考え方である。

19世紀には，教育法や教育制度において公教育の概念がヨーロッパを中心に登場し，日本においても明治時代に**学制**が発布された。1872（明治５）年に発布された学制は，日本の近代学校教育制度を定めた法律で，**国民皆学**を目指し，全国を**学区制**という地域ごとに学校を設けることをねらいとした。つまり地域差による教育機会の不均等をできる限り緩和させるための教育行政区画ごとの学校（大学区，中学区，小学区）を一定数設けるという構想であった。

明治政府はこの時，初等教育の他に女子教育と師範教育の充実をそれぞれ目指した。1872年に東京には師範学校（のちの東京高等師範学校，現在の筑波大学の前身）が創設された。こうして近代化を目指す明治初期の社会においては学校が地域社会の不可欠な機関として登場することとなる。同時にそこで勤務する教師についても，従来の寺子屋などでみられた師匠等の私的な職業から，官立の**師範学校出の教員**が公の職業として社会に登場したのである（ただし師範学校出以外の者が「代用教員」として勤めることができた）。

師範タイプの教師像は尊敬というよりは畏敬の対象として人々からみられたようである。かつて江戸時代に隆盛をきわめた寺子屋の手習い師匠（教師のこと）に対して「**三尺下がって師の影を踏まず**」（一尺は約30センチ）といわれたように，すでに教師に対する認識は出来上がっていた。ところが明治に入ると，師範学校出の教員という正規のルートを経た教員が登場することになり，師範出の教員が一つのステータスのようになっていった。田山花袋（1871～1930）の小説『田舎教師』（1909）は，主人公の林清三が小学校の代用教員として教員生活を送っていくのであるが，志半ばで生涯を終えてしまう話である。小説内で日露戦争への言及があるため，明治終わりぐらいが舞台となっており，あとがきによれば，実話に基づく内容である。以下は，林の親友の父親が視学をしていて，その伝手（つて）で小学校での職を探してもらう場面である。

> 郡視学と云えば，田舎では随分こわ持のする方で，難しい，理屈ぽい，取附悪い質のものが多いが，郁治〔主人公の親友の父親〕の父親は，物の解りが早くって，優しくって，深切で，そして口を利く方に懸けてもかなり重味のある人と人から思われていた。髭は半ば白く，髪にもチラチラ交じっているが，気はどちらかと言えば若い方で，青年を相手に教育上の議論などを飽かずにして聞かせることもあった。
>
> （田山，2013：36，〔　〕内は筆者による補足）

以上の視学の他，校長，准教員，高等師範を受験するなどの描写がみられる。当時どのように教師が活躍していたかを，こうした文学作品というメディアにおいて考察することが可能である。また第二次世界大戦前の教育状況を知るための他の方法としては，明治後期から大正時代，昭和初期にかけての新聞を利用すると様々な問題を知ることができる。

（2）聖職／労働者／専門職としての教師

師範学校出身の教員像は，こうして，国家が目指そうとした教員像とそれに呼応する形でまた社会の教師に対するまなざしも相まって，形づくられていくこととなる。

1881（明治14）年に頒布された「小学校教員心得（きょういんこころえ）」は，聖職者として資質を伺うことのできる内容を含んでいる。原文を掲載した研究書には「文部省が小学校教員の守るべき心得を説いた最初の本格的な文章」であるとの注釈が付いている。以下にその一部を抜粋する。

○　恪守（かくしゅ）実践スヘキ要款（ようかん）ヲ左ニ掲示ス　苟（いやしく）モ小学教員ノ職ニ在ル者夙夜黽勉服膺（しゅくやびんべんふくよう）シテ忽（たちまち）忘スルコト勿（なか）レ
○　教員タル者ハ殊（こと）ニ道徳ノ教育ニ力ヲ用ヒ生徒ヲシテ皇室ニ忠ニシテ国家ヲ愛シ
○　人トシテ善良ノ性行ヲ有スヘキハ言ヲ俟（ま）タスト雖（いえど）モ教員タル者ニ至テハ最モ善良ノ性行ヲ有セサルヘカラス
○　教員タル者ノ品行ヲ尚（たか）クシ学識ヲ広メ経験ヲ積ムヘキハ亦（また）其職業ニ対シテ尽スヘキノ務ト謂（い）フヘシ蓋（けだ）シ品行ヲ尚クスルハ其職業ノ品位ヲ貴クスル所以ニシテ学識ヲ広メ経験ヲ積ムハ其職業ノ光沢ヲ増ス所以ナリ

山住，1990：126～127より一部抜粋（ルビは筆者）

○　さまざまな教育実践を行う際の重要点を左に掲示しておく。かりに小学校の教員の職にある人は，朝早くから夜遅くまで真面目に〔これらの掲げている内容を〕心によく覚えて忘れぬこと
○　教員である者は，特に道徳教育に力を入れて，生徒には皇室に心を尽くし，また国家を愛するとともに
○　人として道徳的に善い性格を備えることは言うまでもないことではあるが，教員たる者に至っては最もよい性格を備えること
○　教員である者の品位を高く保ち，学識を広げ経験を重ねるべきであることは，

> この職業に対して当然行うべき課題というべきである。ただし品位を高潔に保つことは，その職業の品位を貴くするものであるため，学識を広げ経験を重ねることは，その職業の栄誉を高めるものである
>
> 同部分の現代語訳（筆者による。〔 〕内も筆者による補足）

また研究書では初代文部大臣森有礼（もりありのり）（1847～1889）が教師生徒来賓に対して行った「埼玉県尋常師範（じんじょうしはん）学校での演説」の中で，三箇条について触れている。

> 世の中の事柄は総て人物に因りて結果のいかんを現すものなれば，到底善良（ぜんりょう）の人物にあらずんば資格を備えたる教員というを得ず。……ここに百般（ひゃっぱん）の注意というものにおきさらに重要なるものを挙ぐれば，三箇条あり。またこれを三個の順序というも可なり。
>
> 第1は，従順なる気質を開発すべき教育をなすことなり。……
>
> 第2に，相助くるの情をその心意に涵養せざるべからず。これを簡単にいえば，友情すなわち友誼の情を養成すとなり。
>
> 第3は，威儀のある様に養成せざるべからず。
>
> 山住，1990：134～135（筆者により一部カタカナ，漢字をひらがなに変換）

「世の中の事柄はすべて人物によって結果をもたらしており，このことのゆえに，善良の人物でないと資格を有した教員とは決していうことができないのであります」。このように森は前置きしたうえで，明治時代の教師像として，**従順，親愛，威重の3資質**を明らかにして，戦前の教師はこのような資質を備えるよう期待されるようになった。

戦後，GHQのマッカーサー（Douglas MacArthur，1880～1964）は，日本の占領下において当時の首相幣原喜重郎（しではらきじゅうろう）（1872～1951）に五大改革を指示した。戦後の学校教育は，アメリカのデューイの影響を受けた進歩主義的な教育理念の影響力が強く，戦前の修身や地理・歴史が廃止され社会科が登場，青空教室での授業では討論形式の授業がみられるなど，戦前とは異なる趣を呈した。そうした教育現場の変化とともに教員に対する変化もみられた。終戦直前までは愛国主義教育を主唱していた教師が，一部は追放され，また一部は終戦後民主主義的教育を主張するなど混乱もみられた。またほどなくして**労働者**としての教

師の地位の確認を行う運動がみられるようになった。これに対して日本政府は，教育二法（教育公務員特例法の一部を改正する法律，義務教育諸学校における教育の政治的中立の確保に関する臨時措置法）を制定し，そうした動きに対して牽制をかけた。

戦後十数年が経過して，日本社会は高度経済成長を迎え，神武・岩戸・オリンピックの各景気が続いて表現されるようになる。それとともに，教師の職業観に変化がみられるようになった。団塊の世代の出現は，大衆教育を可能とし，一部においては教員より民間企業への就職を選ぶ傾向が強くなるにつれ，**デモ・シカ教師**という現象もみられるようになった。これは教師にでもなろうか，教師しかなれないといったふうに用いられた言葉であった。

21世紀初頭の現代において，教員採用選考試験の状態には特徴的な傾向がみられるようになった。一つは試験倍率の低下傾向である。都市部を中心に，教員の退職年齢に差し掛かった世代が次々と退職し始め，少子化の影響のもと学校の統廃合や，特別支援学校の需要が高まる傾向などがある中で，依然として都市部を中心に教員採用選考試験の倍率の低下が懸念されている。受験生にとっては幸運かもしれないが，保護者や学校現場にとっては教員の資質能力の向上と豊かな人間性に期待する声が高まっている。

ここには教員採用選考試験の限界ともいうべき問題も含まれ，教員としての資質能力を数時間程度の試験でどこまで判断できるかという問題もある。二つ目には，学校内におけるベテラン教員，中堅の指導能力を備えた教員が不足しつつあるということである。これは別の見方からすれば，学校の教員組織が年齢構成上歪な形で構成されることも問題となる。なお中堅のベテラン教員のことを**ミドルリーダー**ということがある。

教員には研修制度が法的にも規定されているが，日々の若手教員の指導助言を行うベテラン教員の存在は学校においては不可欠であるものの，若手が多く，ベテラン教員が少ない学校も多く存在し，学校内部の教員の年齢別に占める比重構成は歪となっているところも多い。そうした学校では，問題への対処が限られた教員に集中しがちとなったり，不慣れな問題に対した若手の教員によって新たな問題が生じてしまうことがあるなど，学校運営に支障を来すことにもなりかねない。学校内部においても若手教員を指導できるベテラン層，指導者層の不足は，ただでさえ多忙化しつつある学校現場にゆとりをなくさせる状況を作り出してもいる。

以上の状況において，今後求められる教師像は「**専門職としての教師**」という側面である。すでに2006（平成18）年の「教育基本法」第９条においては「法律に定める学校の教員は，自己の崇高な使命を深く自覚し，絶えず**研究と修養**に励み，その職責の遂行に努めなければならない」（太字は筆者）と述べられ，教員としての職務を自覚するとともに，日々の教師としての行動にまで触れられている印象がある。

時代的に前後することとなるが，文部科学大臣の諮問機関である中央教育審議会（2005年10月）は「新しい時代の義務教育を創造する」（答申）の第２部各論の第２章「教師に対する揺るぎない信頼を確立する――教師の質の向上」に，あるべき教師像の明示として「教職に対する強い情熱」「教育の専門家としての確かな力量」「総合的な人間力」を挙げている。

（3）「自己の確立」から「社会の期待に応える」へ

現在，教員養成を，教員のライフコースの一部として捉え，大学のみならず，採用する教育委員会，そして勤務場所の学校において，それぞれの役割と連携を通した教員を育成する一連の流れとして捉え始め，制度化しようと試みている。つまり，**養成**機関としての大学等では教職課程と専門課程との連携をはじめとする教職課程の運営，教育委員会では**採用**の際に幅広い観点からの採用，現場の学校では採用後の多様な**研修**体制の充実をもって，教師自身が育っていく過程がイメージされている。これを**養成－採用－研修**という形で表現している。

中央教育審議会では，**育成指標**の制定が各教育委員会において求められ，各教育委員会では複数の大学と連携してこれらの育成指標を制定することが一般的となっている。育成指標とは，将来教員として活躍する教員が段階的に求められる観点別の能力の目安のことである。それが教員のライフコースごとにおおまかに定められている。そこにはこれからの社会で求められる教員としての資質能力が明記されている。

例えば，「兵庫県教員資質向上指標」によれば，分野（教育課題への取組を含む５分野），資質（兵庫の教育課題への対応を含む８資質），指標（44指標）の内容がキャリアステージ（養成段階と，第１期（採用～５年目），第２期（６～20年目），第３期（21年目以降））にわたって，時期などの別に図表化され，どの段階において何が指標として挙げられているかがわかるようになっている。

また「神戸市教員育成指標〈教論等〉～学び続ける神戸の教職員～」では，指標項目が学習指導を含む六つの大きな指標と指標項目（21項目，特別支援学校に関するものを含むと23項目）が挙げられ，ステージとしては，着任時の姿を含む，５ステージを挙げている。これら指標項目を縦に，ステージを横にマトリックスとして取り表記されている。

2　学び続ける教師

（1）不易流行と教師

教育には**不易流行**の側面があるといわれる。不易流行（ふえきりゅうこう）とは松尾芭蕉（1644～1694）の俳諧の用語のことで，**不易**とは時代や場所にかかわりなく不変なもの，**流行**とは時代や場所に応じて変化するもののことである。学校では，組織構造そのものや子どもそのものは変わることは少ないが，教育内容や教育方法，また子どもを取り巻く環境や家庭の状況，保護者や子どもが抱く価値観等は変化しつつあり，教師はそうした問題を的確に捉え，臨機応変に対応する必要がある。

同じ状況下においても教師として判断が異なってくることがある。たとえば，児童生徒が宿題を忘れた場合，頭ごなしに叱る教員もいれば，理由を聞いてその妥当性を考慮して適宜指導する教員もいる。同じようにみえる現象（例：児童生徒の行動）も，それを理解し解釈する側（例：教師）の能力や努力が必要となることがある。そうした問題を認識していた場合でも指導の順序を誤ってしまうことや過大に取り上げてしまうことによって問題を大きくしてしまうこともあるかもしれない。

教員は学校という組織の一員である。そのため教員は有機的な教育運営（**学校運営**）が求められていることを理解する必要がある。スタンドプレーや学級王国といった周りの環境を軽視した行動が時には大きな問題となることもある。教員にとって**学習指導**は職務の中心である。ただし教員の職務は教科指導だけに終始するのではなく，**校務分掌**という学校組織全体で児童生徒の学校生活の望ましい実現に向けた指導や援助，運営があり，それらを分担する。

以上のように，教員には様々な視点が必要とされ，**社会からの期待**，**子どもからの期待**，**保護者からの期待**，**学校組織からの期待**がある。これらの期待に教員が応えられない時，問題が生じる。そうならないためにも，教員には何が求められるのかという気づきが大切になってくる。また仕事を的確に行うための工夫には数多くの観点があるが，問題が発生した時には，すぐに対応，的確に誠実に対応することが求められる他，**報告・連絡・相談**の「ほう・れん・そう」という手続きを通して，学校組織として有機的，組織的な，責任ある行動が求められる。

（2）新自由主義，競争原理，情報公開，説明責任

現代社会は様々な形容で表現されるが，1980年代の欧米でみられた**新自由主義**（ネオリベラリズム）の思想が注目に値する。当時のアメリカのレーガン政権やイギリスのサッチャー政権が重視した市場原理や**競争原理**に基づく理念が日本社会にも大きく影響を与えた。

こうした動向は経済界では一般的であったが，教育界においても例外ではなくなりつつある。たとえば，学校は従来では一様な在り方が当然とされ，関係者以外の意見を学校運営に反映する動きや制度化は顕著ではなかった。しかし，2000年前後には校長や教頭の資格要件緩和の動きがみられ，法的にも改正がなされた。さらに，副校長や主幹教諭など新たな職階を設け，職員会議の法的位置づけが明確化されるなど，学校組織の改善をもたらす動きも顕著となってきた。学習指導要領の中においても「特色ある学校づくり」という言葉がみられるようになり，学校組織運営上においては管理職のリーダーシップのもと，特色ある学校づくりの運営が求められるようになった。

さらに，教育特区構想，学校評議員制度，学校運営協議会制度などがあらたに登場し，学校評価活動なども努力義務化されるなど学校運営上の**情報公開**や

説明責任などが求められるようになった。こうした教育の規制緩和や地方分権の動向はどのような影響を私たちの社会に及ぼすだろうか。これには難しい問題を含むが，教員に対して人事考課制度によってメリハリをつけて改善努力を促そうとする動きに対しては，競争原理を教育界に持ち込むことは相応しくないとして危惧する見解もみられる。

（3）拡大（拡張）しつつある教員の役割

こうしてみてくると，教員は，**保護者の代替としての機能**，学校運営を行う立場に立てば事務処理能力を含んだ**学校経営や運営能力としての機能**，学習指導や授業については児童生徒に対して興味を抱かせることのできる**教えるプロフェッショナルとしての機能**，授業外の領域に対しては**生活指導**や**進路指導**や日々の相談相手といった**対人関係としての機能**など，じつに多面的な機能を担っていると考えられる。

また別の視点からでは，特定の地域や国に拘るのではなく「**地球的視野に立って行動するための資質能力**」や，予測困難なこれからの社会を見据えるための「**変化の時代を生きる社会人に求められる資質能力**」，教養ある職業的専門家としての「**教員の職務から必然的に求められる資質能力**」（いずれも1999年の文部科学省「教員に求められる資質能力」より）が求められよう。

もちろん，こうした能力や機能だけではなく，それ以外にも適宜必要に応じて教員の役割が期待されており，時代変化とともに，たとえば，食育から生活習慣，友人とのつきあい方や，社会的ルール，メディア・リテラシー（例：携帯電話の取扱いなど）に至るまで，教師の役割や期待される内容は拡大（拡張）しつつあるといえる。次の節では具体的な問題として，いくつかのテーマについて取り上げることとする。

3　教員を取り巻く問題

（1）学校の現状と教員を取り巻く問題

学習指導と生徒指導は教師としての大きな職務の柱ともいわれる。特に児童生徒とかかわり合うことが最も多いのは**学習指導**である。日々の学校生活を望ましい形で維持し，児童生徒が充実した学校生活を送るうえで**生徒指導**の役割も教師にとっては大きな意味をもっている。また多様な経歴を有した児童生徒が今日の学校ではみられる。外国籍の児童生徒，海外で育った児童生徒，特別な教育的配慮を要する児童生徒，セクシュアルマイノリティの児童生徒などが挙げられる。当然こうした児童生徒への理解と適切な指導（法）が教員には求められる。

文部科学省編の『文部科学白書（平成29年度）』（以下白書）によれば，特集として「社会的・経済的価値をはぐくむ文化政策の展開」「学校における働き方改革」「教育再生の着実な推進」を取り上げている。ここでは二つ目の「学校における働き方改革」についてみてみることとする。白書では「今日の学校を取り巻く環境は，複雑化・多様化しており，貧困問題への対応や保護者からの要望への対応など，学校に求められる役割も拡大」しているとし，「教師の業務負担の軽減を図ることは喫緊の課題」（文部科学省，2018a：24）と指摘されている。

教員の勤務実態としては，2016（平成28）年10～11月実施の調査の結果として，一週当たりの学内総勤務時間の分布[(1)]のうち，小学校教諭では55～60時間未満（24.3%），中学校教諭では60～65時間未満の者が占める割合（17%）が最も多い（文部科学省，2018a：25）。ここでは教員の**多忙化**という状況が示され，中にはあまりにも職務に振り回されその結果**バーンアウト**という症状を来す場合もある。バーンアウトとは，燃え尽き症候群ともいわれ，教員や看護師，医師などの専門職に従事する者が，意欲的に職務に従事する中で，尽きない業務あるいは努力等が報われない業務に圧倒され心身ともに問題を抱えてしまう状況のことをいう。

こうした実態に対して文部科学省は「文部科学省内に教職員の業務量を俯瞰（ふかん）して一元的に管理する組織を整備」し，「勤務時間の上限の目安を含むガイドラインの検討」等の取組を進めていくとしている（文部科学省，2018a：45）。さ

(1)　筆者による単純計算として1日8時間勤務として週5日＝40時間。

らに，中央教育審議会での「学校における働き方改革」の議論も踏まえ，必要な施策の検討を進めるとしている（文部科学省，2018a：45）。

さらに家庭との関係についても，**保護者対応**等を通して，その対応の充実が求められる。問題発生時はもちろん，普段の児童生徒の様子を保護者と共有することや，それに基づく理解と協力のもとに学校運営は進められる。学級ノートや学級新聞等を活用して，随時子どもの学習や学校での様子を個人情報に留意しつつ紹介し，個別の事案については適宜保護者と連絡を取り，正確で迅速な情報提供や相互理解が求められる。また情報手段を過信せずに，重要な問題については家庭訪問など，直接対話することが基本となる。

公立学校の教員は地方公務員としての身分を有し，地方公務員法の定める服務規程を遵守することが求められている。それらの服務のうち，法令違反行為，職務上の義務違反・職務怠慢，信用失墜に至った時，これらが懲戒の事由として挙げられ，懲戒処分の対象となる（窪田ほか，2019：334）。典型的な事例としては，法令違反，特に道路交通法違反（飲酒運転など），迷惑防止条例にかかわる違反，公金横領，成績などの個人情報を校外に持ち出し紛失する事案などが挙げられる。こうした**教員の不祥事**は，学校や教育界そのものの信用を失うことを意味し，児童生徒への教育上の影響も懸念される。

（2）教育制度改革の方向

日本には公教育制度を民主的に決定しようとする際に意見を取り入れる諮問制度がある。代表的なものに文部科学大臣の諮問機関である中央教育審議会があり，教育制度分科会等の複数の分科会がある（その他首相直属の私的諮問機関の教育再生実行会議がある）。

2017（平成29）年に改訂された「中学校学習指導要領」において，**主体的・対話的で深い学び**，いわゆる**アクティブ・ラーニング**が提唱された（小学校（2017年），高等学校（2018年）も同様）。教育課程の改善を目指して取り組まれることが推奨される**カリキュラム・マネジメント**という考え方が登場している。これは **PDCA サイクル**（Plan, Do, Check, Act）を活用して教育課程の改善を行うものである。時には**教科横断的な学習**（学習指導要領では「教科等横断的な視点」と表現）を構成することなども含まれている。教科横断的な学びの背景には，そもそも学びの対象である事象は複数の学問対象によって構成される場合がほとんどであるため，教科横断による学びの姿勢は社会的事実にいっそう接近しうるものであり，教科目特有の学びとは違った学びが期待できる。

さらに教員の多忙化が社会問題とされ，教職が魅力的とはいえないとも報道されるようになっている。ただしこの問題の打開策の一つとして，**チーム学校**という考え方も登場している。従来，学校において教員一人で問題を抱え込む状況が多かったことに対して，取り扱う学校内での問題（たとえば部活動の指導や専門的な心理的知見を必要とする児童生徒への対応，理科実験など）を内容に応じて専門家に委託し，教員は教育・指導に専念できるよう新たに取り入れられた考え方である（たとえば部活動指導員，理科実験支援員，スクールソーシャルワーカー（SSW）など）。

同じく新学習指導要領においては，これまでの学習指導要領から引き続いて「食育」の充実や「安全教育」についても触れられている。「特に，学校における**食育の推進**並びに体力の向上に関する指導，**安全に関する指導**及び心身の健康の保持増進に関する指導については，保健体育科，技術・家庭科及び特別活動の時間はもとより，各教科，道徳科及び総合的な学習の時間などにおいてもそれぞれの特質に応じて適切に行うよう努めること」（文部科学省，2018b）となっている。国家財政の歳出総額約102.7兆円（2020年度）のうち，年金，医療，介護，子ども・子育て等の「社会保障」費が約35.9兆円，総額の約３割を占めている（財務省「これからの日本のために財政を考える」パンフレット，2020を参照）が，医療費の公的負担の事例すべてではないにしても，健康な生活を送ることが社会経済上の観点においても有意義である。そして文字通り日々の身体の維持増進は人間の幸せそのものであることはいうまでもない。「生涯を通じて健康・安全で活力ある生活を送るための基礎が培われる」（文部科学省，2018b）こととは本人はもとより社会においても有意義となる。安全に関する指導についても，近年の登下校の際の事件・事故，学校内で発生する事故，子どもが社会で巻き込まれる事件・事故の報道が目につくが，各学校では教育上で関連する各教科，特別活動，道徳などで取り扱うことや，学校運営上では「学校保健安全法」第27条の規定（学校安全計画等の作定等）に基づいた運営などが進められている。

さらに学習指導要領においては，情報機器の活用が求められている。ICT教育やAIを活用した教育方法の改善が期待され，すでに小学校においてプログラミング教育が導入されるようになった。道徳教育の位置づけについても2015（平成27）年に法改正がなされ「特別の教科　道徳」となって教科化もされている。

また Society 5.0（ソサエティゴーテンゼロ，「超スマート社会」）とこれからの社会が遭遇する社会を表現したうえで，教育の向かうべき新たな方向性を提案している。狩猟社会，農耕社会，工業社会，情報社会，そして来たるべき社会が Society 5.0 ということである。2018（平成30）年に行われた文部科学大臣の「Society 5.0 に向けた人材育成に係る大臣懇談会」では様々な専門家を招聘してその結果報告書がまとめられた。その概要報告によれば，AI等の先端技術が教育にもたらすものとして「学びの在り方の変革」が期待されており，従来の学校教育の指導方法や制度の枠組みの改革が提言されている。そして共通して求められる力として，「文章や情報を正確に読み書き対話する力」「科学的に思考・吟味し活用する力」「価値を見つけ生み出す感性と力，好奇心・探究力」を挙げている。

「教育基本法」の第17条第１項には「政府は，教育の振興に関する施策の総合的かつ計画的な推進を図るため，教育の振興に関する施策についての基本的な方針及び講ずべき施策その他必要な事項について，基本的な計画を定め，これを国会に報告するとともに，公表しなければならない」と示されている。教育振興基本計画は政府により中期的な教育政策の具体的目標を掲げ，未来を志向した教育方針を挙げるものである。これまでに第一期（2008年），第二期（2013年），第三期（2018年）と閣議決定されている。第一期では「今後10年間を通じて目指すべき教育の姿」等が掲げられた。第二期では，４の基本的方向性，８の成果目標，30の基本政策が掲げられた。そして第三期では，「2030年以降の社会を展望した教育政策の重点事項」として，「『人生100年時代』と『Society 5.0』の到来に向け，政府が取組を進める『人づくりの革命』と『生産性革命』に教育政策として貢献することが喫緊の課題」等と，今後の教育政策に関する基本的な方針（5方針）と21の目標が掲げられている（文部科学省「第3期教育振興基本計画」パンフレット参照)。

現在，日本が抱える教育問題は様々な視点から中長期的視点はもちろん，時代的，場所論的，多角的，総合的，有機的，人間的，人類的観点を踏まえたうえで考察される必要がある。

時代や社会の変化を敏感に察知し，問題の所在を深く理解して，工夫や改善をいかに達成していくべきか，一人ひとりが問われようとしている。先の第3期教育振興基本計画では，「客観的な根拠を重視した教育政策の推進」をはじめ「教育投資の在り方」「新時代の到来を見据えた次世代の教育の創造」が謳われている（文部科学省「第3期教育振興基本計画」参照)。

学習課題
① 母校や興味のある学校のホームページを参考に，学校の教育目標や教育方針，学校運営上の工夫や改善努力などについて調べてみよう。
② 教員や学校を中心に取り上げた小説，映画等を調べて，どのような学校像や教師像が描かれ，背景にはどのような特徴や価値が存在しているかを考察してみよう。
③ 教員の処分について，地方自治体（教育委員会）のホームページを参考に，どのような問題と処分があるかを調べてみよう。

引用・参考文献

窪田眞二ほか編『教育法規便覧2019年版』学陽書房，2019年。

神戸市総合教育センター「神戸市教員育成指標〈教諭等〉～学び続ける神戸の教職員～」（http: //www2. kobe -c. ed. jp/kec/? action=common_download_main&upload_id=2189 2020年6月24日閲覧)。

財務省「これからの日本のために財政を考える」パンフレット，2020年（https://www.mof.go.jp/budget/fiscal_condition/related_data/202007_kanryaku.pdf　2020年6月24日閲覧)。

田山花袋『田舎教師』新潮社，2013年。

兵庫県「兵庫県教員資質向上指標」（https://www.hyogo-c.ed.jp/~kyoshokuin-bo/kyouinsihyou.pdf　2020年6月24日閲覧)。

文部科学省「教員に求められる資質能力」1999年（https://www.mext.go.jp/b_menu/shingi

/chukyo/chukyo3/002/siryo/attach/1380585.htm　2020年６月24日閲覧)。
文部科学省編『文部科学白書（平成29年度)』日経印刷株式会社，2018年a。
文部科学省編『中学校学習指導要領』東山書房，2018年b。
文部科学省編「Society 5.0 に向けた人材育成に係る大臣懇談会」(https://www.mext.go.jp/a_menu/society/index.htm「Society 5.0 に向けた人材育成～社会が変わる，学びが変わる～（概要）平成30年６月５日」ppt 資料，2020年６月24日閲覧)。
文部科学省編「第３期教育振興基本計画」パンフレット（https://www.mext.go.jp/content/1412107_1_2.pdf　2020年６月24日閲覧)。
文部科学省教育職員養成審議会「養成と採用・研修との連携の円滑化について（第三次答申)」(https://www.mext.go.jp/a_menu/shotou/senkou/1243315.htm　2020年６月24日閲覧)。
山住正己『教育の体系　日本近代思想体系』岩波書店，1990年。

人名索引

あ 行

か 行

さ 行

た 行

事項索引

あ 行

か 行

さ　行

ま　行

や　行

ら・わ行

《監修者紹介》＊は編者

＊広岡義之（ひろおか よしゆき）　編著者紹介参照

林　泰成（はやし やすなり）　上越教育大学・同大学院教授

貝塚茂樹（かいづか しげき）　武蔵野大学教育学部・同大学院教授

《執筆者紹介》所属，執筆分担，執筆順，＊は編者

＊深谷　潤（ふかや じゅん）　編著者紹介参照：はじめに，第１章，第２章，第３章

津田　徹（つだ とおる）　神戸芸術工科大学芸術工学教育センター教授：第４章，第13章

柴沼　真（しばぬま まこと）　城西大学経営学部准教授：第５章，第６章

菱刈晃夫（ひしかり てるお）　国士舘大学文学部教授：第７章

大川　洋（おおかわ ひろし）　国際基督教大学教養学部上級准教授（執筆時点）：第８章

塩見剛一（しおみ こういち）　大阪産業大学全学教育機構准教授：第９章，第11章

嶋口裕基（しまぐち ひろき）　名城大学教職センター准教授：第10章

熊田凡子（くまた なみこ）　江戸川大学メディアコミュニケーション学部准教授：第12章

《編著者紹介》

深谷　潤（ふかや・じゅん）

1964年生まれ。西南学院大学人間科学部・同大学院教授。国際基督教大学大学院教育学研究科博士後期課程満期退学。主著に『ヤスパースと三人の神学者たち』溪水社，2002年。『現代日本プロテスタント・キリスト教教育理論の変遷』中川書店，2013年。訳書にシントラー『希望の教育へ』日本キリスト教団出版局，2016年など。

広岡　義之（ひろおか・よしゆき）

1958年生まれ。神戸親和女子大学発達教育学部・同大学院教授。関西学院大学大学院文学研究科博士課程単位取得満期退学。博士（教育学）。主著に『フランクル教育学への招待』風間書房，2008年。『ボルノー教育学研究　増補版』（上・下）風間書房，2018・2019年。『絵で読む教育学入門』ミネルヴァ書房，2020年。レーブレ『教育学の歴史』（共訳）青土社，2015年など。

ミネルヴァ教職専門シリーズ①

教育の原理

2021年 4 月10日　初版第 1 刷発行　〈検印省略〉

定価はカバーに
表示しています

編著者　深谷　潤
　　　　広岡　義之
発行者　杉田　啓三
印刷者　坂本　喜杏

発行所　株式会社　ミネルヴァ書房
607-8494　京都市山科区日ノ岡堤谷町 1
電話代表　(075) 581-5191
振替口座　01020-0-8076

冨山房インターナショナル・藤沢製本

ISBN 978-4-623-08955-0

Printed in Japan